그가
이루시다

당신이 하나님을 더 깊이 알아가고 더 널리 알리는 사람이 되는 것, 이 책에 담긴 도서출판 예수전도단의 마음입니다. 말씀을 통해 저자가 깨닫고, 원고를 통해 저희가 누릴 수 있었던 그 감동이 책을 통해 당신에게도 전해지기 원합니다. 그리고 당신을 통해 그 기쁨과 은혜가 더 많은 이에게 계속해서 흘러가기를 기도하겠습니다. 이 책을 통해 당신이 받은 은혜를 다른 분들에게도 나눠주십시오. 사랑하고 축복합니다.

ⓒ 유병용 2022

본 저작물의 저작권은 도서출판 예수전도단에 있습니다.
저작권법에 의해 보호받는 저작물이므로 무단 전재와 복제를 금합니다.

너희가 나를
여호와인 줄 알리라

그가 이루시다

유병용 지음

Spirit of Victory

예수전도단

차례

서문　　6

Chapter 1
승리를
약속하다

9	뜻밖의 일
18	마음의 인식
32	하나님이 부르실 때
44	질문과 대답 I
53	질문과 대답 II
64	사명보다 중요한 것
76	모세 vs 바로

Chapter 2
승리가
시작되다

93	이미 계획된 승리
104	하나님의 끊임없는 관심
112	한 치의 오차도 없이
121	무엇에 집중할 것인가?
131	승리의 매뉴얼
140	소유권의 핵심
150	하나님이 원하시는 믿음

Chapter 3
승리를
이루다

신앙의 고정관념을 깨라	163
타협하지 않는 믿음	173
흑암과 광명	182
구별된 삶	189
하나님은 무엇을 보게 하셨는가?	196
하나님의 방법을 신뢰하라	205
놀라운 승리의 비밀	217

서문

문득 주변을 돌아보니 모두가 참으로 곤고한 인생을 살고 있다. 그렇지 않아도 세상살이는 녹록지가 않은데 코로나라는 세계적인 재앙으로 감당치 못할 절망 가운데 있는 이가 적잖다.

성경에도 지금 우리와 같은 삶을 사는 이들이 있었다. 바로 애굽에서 노예 생활을 하던 이스라엘 백성이다. 그들의 인생은 처참하고 황폐했다. 희망이 없었다. 그러나 그들의 곤고한 인생은 하나님의 선한 이끄심으로 말미암아 구원을 얻었고, 찬양과 감사가 넘치는 복된 인생으로 전환되는 기적을 맞이한다. 절망과 패배로 눌어붙은 삶이 승리와 환희로 뒤바뀌는 엄청난 변화였다.

그 놀라운 일은 오늘날에도 계속된다. 출애굽의 여정 가운데 함께한 선하신 하나님의 세밀한 터치가 여전히 우리 안에 존재한다는 얘기다. 그러나 단서但書가 있다. 하나님이 함께하심을 아는 자들에게만, 승리의 영성이 있는 자들에게만 주어진다는 사실이다.

믿음의 출발은 하나님이 하시면 불가능한 일이 없다고 여기는 데서 시작한다. 나는 불가능하지만, 하나님이 하시면 가능하다는 온전한 신뢰가 필요하다는 말이다. 그 신뢰가 우리 삶에 약속된 승리로 나타날 것임을 확신한다.

　어떤 고난의 환경 속에서도 하나님이 함께하신다는 것을 분명히 깨달아 그 하나님을 붙들고 도전하길 간절히 바란다. 하나님께서 이미 승리를 약속하셨고, 이루셨기 때문이다. 그 승리의 주인공이 바로 당신이 되길, 믿음의 선택과 행진이 끊이지 않길 끝없이 응원한다.

유병용 목사

Chapter 1

승리를 약속하다

뜻밖의 일

우리가 잘 아는 단어 중에 '뜻밖에'라는 단어가 있다. '생각이나 기대 또는 예상과 달리'라는 의미이다. 그렇다. 도저히 피할 방법이 없는 상황, 사방이 가로막힌 이 상황에서도 성경은 뜻밖에 길을 내시는 하나님을 소개한다.

출애굽기의 시작은 이스라엘 백성이 어떻게 애굽 땅에서 정착하게 됐는지를 설명한다. 야곱의 열두 아들 중 열한 번째인 요셉은 애굽의 노예로 팔려 갔으나 하나님의 인도하심으로 애굽 나라의 위대한 총리가 된다. 후에 가나안 땅의 큰 흉년으로 야곱의 식구들이 살 수 없게 되자 하나님은 야곱의 식구들을 애굽으로 이주시켜 애굽 땅에 거주하도록 하셨다. 처음 애굽 땅에 이주했을 때 야곱의 식구는 70명이었는데, 430년 동안 얼마나 많은 인구증가가 일어났는지 애굽 사람들이 그들을 두려워할 정도까지 된다.

> 자, 우리가 그들에게 대하여 지혜롭게 하자 두렵건대 그들이 더 많게 되면 전쟁이 일어날 때에 우리 대적과 합하여 우리와 싸우고 이 땅에서 나갈까 하노라 하고 출 1:10

혹여 전쟁이 났을 때 이스라엘 백성이 적군과 결탁하여 애굽과 싸우면 어쩌나 하는 걱정과 한순간에 모든 이스라엘 노예들이 빠져나가면 애굽 온 나라의 일이 마비되니 국가의 경영에 큰 어려움이 올 것을 두려워하게 된 것이다.

그래서 당시 애굽 왕은 이스라엘 노예들을 향해 인구 억제 정책을 발표하기에 이른다. 은밀한 방법으로 히브리 산파들을 통해 새로 태어나는 히브리 남자아이들을 살해하는 정책을 쓰려한 것이다. 이제 이스라엘의 새로 태어난 모든 남자아이는 죽어야만 했다.

> [15]애굽 왕이 히브리 산파 십브라라 하는 사람과 부아라 하는 사람에게 말하여 [16]이르되 너희는 히브리 여인을 위하여 해산을 도울 때에 그 자리를 살펴서 아들이거든 그를 죽이고 딸이거든 살려두라 출 1:15~16

그런데 놀랍게도 애굽 왕의 은밀한 정책은 실패로 돌아간다. 그 이유가 무엇일까? 당시 애굽왕이 고용한 히브리 산파인 십브라와 부아라는 두 여인이 애굽 왕의 명령을 거역했기 때문이다. 잔인한 방법으로 히브리 남아 살해 정책을 추진했지만, 실패로 끝난 것이다. 참으로 있을 수 없는 일이 벌어졌다. 무명의 두 여인이 등장해 거대한 애굽 왕의 정치적 계획을 무산시켜버린 것이다.

당시 애굽은 중동지역의 강대국 중 한 나라였다. 때문에 그 나라의 왕도 엄청난 권력을 가졌다. 따라서 애굽 왕의 정책이 무산되고 실패할 것이라고는 어느 누구도 생각조차 하질 않았다. 그런데 어떻게 히브리인 중 한낱 무명의 두 여인을 통해 그 거대한 권력이 무산됐을까. 있을 수도 없고, 그 누구도 상상할 수 없는 뜻밖에 일이 일어나고 만 것이다.

참으로 놀라운 일이다. 무명의 두 여인인 십브라와 부아는 그 누구도 예상하지 못한 방법이었다. 그럼에도 불구하고 하나님은 무명의 두 여인을 통해 거대한 애굽 왕의 정책을 무산시키고, 하나님의 백성을 살리는 놀라운 일을 이루셨다. 말살될 위기에 처한 이스라엘 민족이 다시금 살아날 수 있는 기적의 순간을 맞은 것이다. 이 얼마나 놀라운 일인가! 눈 앞에 펼쳐진 현실적 상황은 완전히 절망적이었지만, 이 암흑 가운데에서도 하나님은 하나님의 일과 계획을 이루어가셨다.

우리가 여기서 주목할 것이 있다. 왜 하필 이 무명의 두 여인이었을까? 수많은 사람 가운데 그 두 여인을 택해 사용하신 이유는 무엇이었을까?

첫째, 두 여인이 문제 앞에 두려워하지 않았다는 사실이다. 그녀들은 아이를 출산할 때 도와주는 산파였다. 당시 애굽 왕은 히브리 노예들이 점점 더 많아지자 두려운 마음에 새로운 정책을 발표했는데, 바로 히브리 노예 말살 정책이었다. 그래서 바로 왕은 히브리 노예들이 출산할 때 사내아이라면 모두 죽이라고 명령했고, 이 일에 히브리 산파인 십브라와 부아라는 여인이 선택된 것이다.

애굽 왕의 히브리 남아 살해 명령은 이스라엘 자손에게는 실로 위기 중의 위기였다. 이스라엘 자손의 씨를 말리는 정책이었기 때문이다. 하지만 당시 바로 왕의 명령은 절대 권력이자 너무도 강한 힘이기에 그 누구도 거스를 수 없었다. 만약 왕의 명령을 거스른다면, 이는 곧 죽음을 불사한다는 의미였다.

이런 상황에서 히브리 산파들이 감히 왕의 명령을 어긴다는 것은 도저히 있을 수가 없는 일이다. 불복종은 곧 죽음이기 때문이다. 그런데 어떻게 이런 일이 가능했을까? 그녀들은 어떻게 왕의 명령을 거스르는 엄청난 결단을 내릴 수 있었을까!

바로 이 히브리 산파들의 믿음 덕분이다. 자신들 앞에 닥쳐온 문제가 아무리 크다고 할지라도 현실의 문제 앞에 두려워하지 않는 믿음이 있었기에 가능했다.

두려움이란 두려운 느낌, 무서움, 공포, 불안한 마음이라는 의미이다. 사람은 두려움을 느끼거나 두려운 마음이 들면 자꾸만 부정적인 사람이 된다. 그렇다면 왜 두려워할까? 바로 의지할 곳이, 또는 의지할 것이 없기에 두려워하는 것이다. 여행 도중 가이드를 잃어버렸거나, 돈을 잃어버렸거나, 길을 잃어버리면 누구나 두려운 마음이 든다. 마음속으로 의지할 것이 없다고 느끼기 때문이다.

그렇다. 히브리 산파 두 여인이 현실의 문제 앞에 두려워하지 않았다는 것은 그녀들은 의지할 무언가가 있었다는 사실을 증명한다. 그것은 바로 하나님이 함께하신다는 분명한 믿음이다. 그 믿음이 있었기에 담대하게 왕의 명령을 어기고 이스라엘 민족의 아이들을 살렸던 것이다.

다시 말해 그녀들이 두려워한 것은 당시 최고 권력을 가진 왕의 명령이 아니었다. 이 두 여인은 무엇을 두려워하고 누구를 두려워했기에 왕의 명령을 거절했던 것일까?

> 그러나 산파들이 하나님을 두려워하여 애굽 왕의 명령을 어기고 남자 아기들을 살린지라 출 1:17

두 여인은 하나님을 두려워했다. 그녀들이 왕이 아닌 하나님을 두려워한 이유는 바로 하나님을 믿었기 때문이다. 우리가 이 두 여인을 통해 깨달을 진리가 있다. 하나님은 문제를 보고 두려워 떠는 자를 통해 일하는 분이 아니라는 사실이다. 눈앞에 닥친 문제보다도 하나님을 두려워하는 자와 함께 일하신다.

그러나 오늘날에도 많은 사람이 하나님을 믿는다고 하면서도 하나님보다는 자신에게 찾아온 문제 앞에 두려워 떨곤 한다. 그래서 그 두려움을 해결하기 위해 갖은 노력을 한다. 굿도 해보고, 점도 쳐보고, 역술도 본다. 요즘 거리에 철학원이나 운세, 관상 등을 보는 점집이 많은 이유는 그만큼 사람들이 미래

승리를 약속하다

와 선택에 대해 두려워하고, 그 두려움을 피하거나 돌아가고 싶어 한다는 증표이다. 그러나 잊지 말아야 한다. 지금 이 순간에도 하나님은 두려움을 이긴 자와 반드시 함께 일하신다는 것을 말이다.

그래서일까. 하나님은 두려움 테스트를 꼭 하신다. 이스라엘의 출애굽 여정에도 어김없이 두려움 테스트는 진행됐다. 애굽 군대에 쫓기는 상황에서 홍해 바다를 펼치셨다. 전혀 나아갈 길이 없는 현실을 제시한 것이다. 바로 그때, 모세는 홍해 바다 앞에서 백성을 향해 이렇게 외쳤다.

"여러분! 두려워하지 마십시오. 하나님이 행하시는 능력과 구원을 보십시오."

> [13]모세가 백성에게 이르되 너희는 두려워하지 말고 가만히 서서 여호와께서 오늘 너희를 위하여 행하시는 구원을 보라 너희가 오늘 본 애굽 사람을 영원히 다시 보지 아니하리라 [14]여호와께서 너희를 위하여 싸우시리니 너희는 가만히 있을지니라 출 14:13-14

하나님을 의지한 모세의 믿음은 어떤 결과를 가져왔는가? 홍해 바다의 길이 열리는 생각지도 못한 새로운 역사가 펼쳐졌다. 이처럼 문제 앞에 두려워하지 않을 때, 반드시 길은 열린다.

십브라와 부아, 이 두 산파 역시 문제 앞에서 문제를 두려워하지 않았고 하나님을 두려워하여 왕의 명령을 거역했다. 그러나 그녀들에게 온 것은 죽음이 아니라 하나님의 놀라운 역사였다. 민족을 살리는 기적을 만들게 된 것이다. 문제를 두려워하지 않고, 하나님을 붙들며 나아갈 때 기적의 역사는 시작된다.

둘째, 이 두 히브리 산파는 지혜로운 여인이었다. 당시 산파들은 애굽 왕 바로의 명령을 따랐어야만 했다. 그런데 그녀들이 하나님을 두려워하여 왕의 명령을 거역하자 급기야 왕이 직접 이 두 여인을 부르게 된다. 그리고 자신의 명령을 어기고 남자아이들을 살려준 이유를 묻는다. 이제는 이 여인들이 대답할 차례다. 대답에 따라 살 수도 있고, 죽을 수도 있다. 그런데 산파들의 대답은 분노한 애굽 왕의 마음을 움직이게 했다.

> 산파가 바로에게 대답하되 히브리 여인은 애굽 여인과 같지 아니하고 건장하여 산파가 그들에게 이르기 전에 해산하였더이다 하매 출 1:19

"왕이여! 우리들도 왕의 명령을 받들어 모든 사내아이를 죽이려고 했습니다. 그런데 놀랍게도 히브리 여인들은 애굽 여인들과 달리 우리가 도착하기도 전에 벌써 아이를 낳았습니다."

이 얼마나 지혜로운 답변인가! 이 산파들의 말에 애굽 왕은 그 어떠한 의문도, 이유도 물을 수 없었다. 이 대답은 말의 능력이 아니라 하나님이 주신 지혜에서 나온 말이었기 때문이다.

지식이 도서관에서 얻어지는 것이라면, 지혜는 하나님이 주시는 정신적 판단이다. 하나님으로부터 온 여인들의 지혜로운 대답이 많은 어린 생명을 살리며 민족을 살리는 능력이 된 것이다. 지혜로운 말이란 무엇일까? 바로 살리는 말, 유익되는 말, 기쁨이 되고 용기가 되는 말이다. 하나님이 너희 말이 내 귀에 들린 대로 만들어주겠다 하신 것처럼, 지혜로운 말은 바로 하나님의 큰 은혜로 임하셨다는 것을 뜻한다.

> 하나님이 그 산파들에게 은혜를 베푸시니 그 백성은 번성하고 매우 강해지니라 출 1:20

이는 산파들의 대답이 자신들의 생명 보존을 위한 변명이나 거짓이 아닌 하나님께서 은혜를 베푸실 만큼 선한 뜻을 담은 대답이었음을 의미한다. 이로 인해 이스라엘 백성의 수가 더욱 증가하고, 그 백성은 더욱 강해졌다. 사람을 살리는 지혜로운 말 한마디가 얼마나 중요한지를 깨닫게 한다.

우리가 잘 아는 열두 명의 정탐꾼 이야기가 있다. 가나안 땅을 정탐 후 백성에게 보고를 한 그들을 본 하나님의 반응은 어땠는가?

> [27]나를 원망하는 이 악한 회중에게 내가 어느 때까지 참으랴 이스라엘 자

손이 나를 향하여 원망하는 바 그 원망하는 말을 내가 들었노라 [28]그들에게 이르기를 여호와의 말씀에 내 삶을 두고 맹세하노라 너희 말이 내 귀에 들린 대로 내가 너희에게 행하리니 민 14:27-28

"너희 말이 내 귀에 들린 대로 만들어 주겠다."라는 하나님의 말씀은 우리의 언어대로, 우리의 말대로 된다는 뜻이다. 그러니 우리의 대답이 지혜로운 대답, 지혜로운 말, 지혜로운 언어생활로 가득 차야 할 것이다.

마지막으로 이 두 여인은 하나님을 경외하는 자들이었다. 경외란 공경하면서도 두려워하는 것을 의미한다. 단어의 의미처럼 그녀들은 하나님을 공경하면서도 두려워했다. 그 때문에 절대 권력자인 바로의 명령을 어기고 히브리 남자아이를 살렸다. 십브라와 부아는 하나님을 경외했기에 이스라엘 백성의 번성을 원하시는 하나님의 뜻을 거스를 수 없었던 것이다. 실로 그녀들은 하나님의 뜻을 위해 죽기를 각오했다. 그 모든 행위의 뿌리는 그녀들이 하나님을 공손히 받들며, 하나님의 뜻을 거역함이 아닌 하나님을 깊이 경외함에 있다. 결국, 이 온전한 경외심은 하나님을 감동케 했고, 그들의 집안까지도 흥왕하는 복을 받게 된다.

그 산파들은 하나님을 경외하였으므로 하나님이 그들의 집안을 흥왕하게

하신지라 출 1:21

이스라엘은 바로 왕의 절대 권력 앞에 더는 희망도, 작은 바람조차도 가질 수 없었다. 민족의 목숨이 경각에 놓인 절체절명의 순간이었다. 그러나 하나님은 전혀 뜻밖의 사람과 뜻밖의 일을 통해 이스라엘의 운명을 뒤바꿔 놓으셨다. 하나님을 공손히 받들며, 하나님의 뜻을 이해하는 두 산파를 통해 새로운 역사를 이뤄 가셨다. 문제 앞에서 문제를 두려워하지 않았고, 지혜로운 말을 했으며, 무엇보다 하나님을 경외했던 지극히 평범한 두 여인을 통해 엄청난 일, 뜻밖의 일을 이루셨다.

하나님은 언제 어디서든 이렇게 준비된 자를 통해 일하신다. 그들이 유명한 자인지 무명한 자인지는 중요하지 않다. 오직 하나님은 두려워하며 경외하는 마음으로 그분을 인정하는 자들과 함께하신다. 그리고 그들을 통해 뜻밖의 일을 이루신다.

마음의 인식

물건을 사러 간혹 대형마트에 가곤 한다. 마트에 가면 필요한 물건들을 골라 카트에 차곡차곡 담는다. 그런데 카트에 물건을 담았다고 해서 그것들이 곧장 내 소유가 되지는 않는다. 담은 물건을 계산대에 가서 결제하지 않았기 때문이다. 담은 물건을 결제하고 난 후에야 비로소 내 소유가 되는데, 혹여 결제된 작은 물건은 하나라도 잃어버리지 않으려고 정신을 바짝 차리게 된다.

　반면 아직 계산하지 않은 물건이 잔뜩 담긴 카트는 그리 소중하게 여기지 않는다. 왜 그럴까? 아직 내 것이 되지 않았기에 그렇다. 똑같은 물건이라도 계산해서 내 것이 된 것과 그렇지 않은 것은 차이가 있다. 중요성의 가치가 다르다. 일단 계산대에서 계산되고 나면 작은 물건 하나부터 모든 것이 소중하게 여겨진다. 결국 내 마음속에서 판단되는 물건에 대한 인식은 결제 전과 후로 중요성이 다르게 느껴진다는 사실이다. 인식이란 사물을 분석하고 판단하여 아는 것이기에 그렇다.

　그래서 사람은 마음속에 어떤 인식을 하며 사는지가 매우 중요하다. 인간의 마음은 인간의 몸속에 깃들어 있으면서 정서적 세계의 감정을 조절하는 공간이다. 마음의 인식은 정서적 판단력을 의미하는 것으로 이를 어떻게 분별하고 받아들이는지가 아주 중요하다.

　한 사람이 가진 마음의 인식이 어떤 결과를 가져오는지를 잘 보여주는 성경 속 인물이 있다. 바로 모세이다. 모세는 물에서 건짐을 받은 자라는 뜻이다. 그는 히브리 노예의 아들로 태어나면서부터 곧장 죽어야만 하는 운명이었다. 그러나 하나님이 애굽의 공주를 움직여서 나일강에 버려진 이 히브리 노예의 아기를 발견하게 하셨다. 그리고 공주가 그 아기의 누나인 미리암을 만나게 하셨고, 아기의 친어머니인 요게벳을 유모로 소개받아 그 품에서 자라게 된다.

그렇게 아기는 죽어야 할 운명에서 살아남았고, 자란 후 공주가 궁궐로 데려가 자신의 아들로 삼는 기적 같은 일이 일어났다.

> 그 아기가 자라매 바로의 딸에게로 데려가니 그가 그의 아들이 되니라 그가 그의 이름을 모세라 하여 이르되 이는 내가 그를 물에서 건져내었음이라 하였더라 출 2:10

이 일은 인간의 상식으로는 도저히 있을 수 없는 일이지만, 하나님은 하나님의 방법으로 모든 환경과 여건을 계획하고 만드셔서 그분의 일을 이루셨음을 보게 된다.

모세가 40년 동안 애굽 왕궁에서 애굽의 학문과 법도를 배우면서 그 내면에 과연 어떤 마음의 인식을 했을까? 모세를 통해 이루고자 하신 하나님의 일은 무엇일까? 그 놀라운 하나님의 계획 속에서 무엇을 요구하셨는지 또 어떻게 인도하셨는지를 우리는 알아야 한다. 하나님은 오래전 모세뿐만이 아니라 오늘날 우리에게도 원하시는 내면의 인식이 있다. 이것을 정확히 이해할 때 하나님의 놀라운 일들을 발견하고 체험하는 신앙인으로 거듭날 수 있다.

그렇다면 모세의 내면에는 어떠한 인식이 있었을까?

첫째, '나는 하나님의 자녀다.'라는 인식이다. 사람의 내면에 무엇이 있는지는 매우 중요하다. 그 자신의 내면에 따라 사물을 바라보고 판단하는 기준이 달라지기 때문이다. 가령 엄마들이 저녁밥 할 때를 생각해 보자. 엄마가 배고프면 저녁도 일찍 하고 밥의 양도 많아진다. 그런데 엄마가 어디 모임이라도 다녀와 자신의 배가 부르면 밥을 늦게 하게 돼 가족의 식사 시간도 덩달아 늦어지고 짓는 밥의 양도 적어진다. 이 이야기에 공감이 되는가? 이 얘기의 핵심은 자신의 내면 상태가 어떠한지가 매우 중요하다는 것이다.

모세의 경우도 예외는 아니다. 애굽 공주의 지시에 따라 어머니 요게벳의 품에서 자란 모세가 성장하자 그 품을 떠나 공주의 아들로서 애굽 왕궁에서 성장하게 된다. 모세는 무려 40년 동안 애굽의 궁궐에서 애굽의 학문을 배우고 공주의 아들로서 지냈다. 겉으로 보기엔 화려하고 누구나 부러워할 만한 신분의 생활을 했다. 그러나 정작 모세가 가슴속 깊이 소중히 간직한 것은 따로 있었다. 바로 어린 시절 유모이자 친어머니인 요게벳의 젖을 먹고 자라면서 자신이 하나님이 택한 히브리인이라는 것과 하나님에 대한 신앙이 그에겐 더없이 소중했다.

그러던 어느 날, 모세는 애굽 사람이 힘없는 한 히브리 사람을 치는 모습을 보게 된다. 그 순간 참을 수 없는 무언가가 마음속에서 일어났다. 모세가 느낀 이 감정은 히브리 노예를 보는 순간 그를 노예로 보는 것이 아니라 자신의 형제로 느꼈음을 성경에서 보게 된다. 당시 히브리인들은 자신들이 하나님이 선택한 하나님의 백성이자 하나님의 자녀라는 분명한 신앙의 고백을 가진 자들이었다. 마찬가지로 모세 또한 비록 자신이 애굽 공주의 아들로서 겉으로는 애굽 사람이었으나 그 내면에는 하나님의 자녀라는 분명한 신앙고백이 있었다.

> 모세가 장성한 후에 한번은 자기 형제들에게 나가서 그들이 고되게 노동하는 것을 보더니 어떤 애굽 사람이 한 히브리 사람 곧 자기 형제를 치는 것을 본지라 출 2:11

여기서 형제라고 표현된 단어는 히브리어로 '아흐(אח)'이다. 그 뜻은 혈통으로나 정서적으로 아주 가까운 관계를 나타낸다. 즉 모세 자신은 애굽 공주의 양자가 되어 애굽인의 지위와 특권을 누리며 살고 있지만, 궁 밖에 극심한 노역과 학대 속에서 고통받는 노예로 살아가는 히브리 사람들과 자신이 형제라는 고백이었다.

그렇다. 결국 모세의 내면에는 '나도 하나님의 백성이요, 하나님의 자녀다!'라는 분명한 신앙의 고백이 있었다. 비록 자신의 겉모습은 애굽에서 높은 지위를 상징하는 옷을 입었지만, 그 내면은 자신이 히브리인이라는 인식으로 가득했다. 그러니 애굽 사람이 자신의 형제인 히브리 민족을 학대할 때 걷잡을 수 없는 분개가 일어나 애굽 사람을 죽이기까지 한 것이다.

> ¹¹모세가 장성한 후에 한 번은 자기 형제들에게 나가서 그들이 고되게 노동하는 것을 보더니 어떤 애굽 사람이 한 히브리 사람 곧 자기 형제를 치는 것을 본지라 ¹²좌우를 살펴 사람이 없음을 보고 그 애굽 사람을 쳐죽여 모래 속에 감추니라 출 2:11-12

당시 애굽 사람이 히브리 노예를 학대하는 상황을 보며 그것이 잘못됐다고 여기는 사람은 아무도 없었다. 오히려 그들 내면에는 당연하다고 여기거나 긍정적으로 수긍하는 마음도 있었다. 그런데 오직 모세만큼은 달랐다. 그 장면을 목격하는 순간 모세의 마음에는 걷잡을 수 없는 분노가 일어난 것이다.

왜 그랬을까? 모세의 내면 가운데 히브리 민족과 함께하는 하나님에 대한 분명한 확신이 있었기 때문이다. 모세의 내면에 자리한 분명하고도 명확한 인식 바로 자신이 하나님의 자녀라는 확고한 신앙의 인식이 있었기 때문이다. 당시 모세는 애굽 왕자의 신분이었다. 그저 가만히 있어도 부와 권력을 장악하고 편히 살 수 있었다. 그러나 모세의 내면에는 하나님의 자녀라는 인식이 가득 차 있어서 고통받는 히브리 노예들을 자신의 형제로 인식하고 하나님의 편에 서기를 원했던 것이다.

하나님은 우리가 어떤 상황과 여건 속에서도 하나님이 자신과 함께하신다는 분명한 신앙의 고백을 가진 자와 언제나 함께 일하는 분이다. 그래서 성경에 나오는 수많은 기적의 사건을 만드시면서 하신 말씀은 단 하나로 관통된다. '네 믿음대로 되었다.'라는 사실이다.

너무나 힘들고 절망적인 상황일지라도 우리의 내면에 '하나님이 함께하신다.'라는 분명한 신앙의 고백이 있다면, 하나님은 우리의 그 믿음대로 놀라운 기적을 만드신다.

구약의 인물 가운데 다윗은 사울이 왕권을 잡았던 시기에 골리앗과 싸움을 했다. 거인 골리앗과의 싸움에서 다윗은 누가 봐도 죽을 수밖에 없었다. 하지만 다윗은 골리앗과의 싸움에서 하나님에 대한 믿음이 있었고, 그가 한 신앙고백이 하나님의 마음을 감동시켜 믿음의 선포대로 승리했다.

> [45]다윗이 블레셋 사람에게 이르되 너는 칼과 창과 단창으로 내게 나아 오거니와 나는 만군의 여호와의 이름 곧 네가 모욕하는 이스라엘 군대의 하나님의 이름으로 네게 나아가노라
> [50]다윗이 이같이 물매와 돌로 블레셋 사람을 이기고 그를 쳐죽였으나 자기 손에는 칼이 없었더라 삼상 17:45, 50

신앙의 능력은 자신의 관점이 하나님의 관점으로 바뀌는 것이다. 그래서 사람은 자기 속에 어떤 인식을 하고 있느냐가 매우 중요하다. 자신이 다니는 교회에 대한 인식도 마찬가지다. 자기 교회로 명확히 인식하느냐 남의 교회처럼 인식하느냐에 따라서 행동과 마음, 그리고 언어가 달라진다는 것을 느끼게 된다. 더러는 이중적인 사람들이 있는데, 이는 그 마음에 진정한 인식이 없기 때문이다.

그러니 가장 중요한 신앙의 본질은 자기 변화이다. 외적 변화가 아닌 내적 변화가 중요하다는 의미이다. 그래서 바울은 날마다 자기 변화를 위해 죽는다고 고백했다.

> 형제들아 내가 그리스도 예수 우리 주 안에서 가진 바 너희에 대한 나의 자랑을 두고 단언하노니 나는 날마다 죽노라 고전 15:31

이 고백은 자기 변화를 향한 끊임없는 노력을 의미한다. '죽는다.'라는 것은 곧 자기 변화를 뜻하니 말이다. 예수님도 이렇게 말씀하셨다.

> 내가 진실로 진실로 너희에게 이르노니 한 알의 밀이 땅에 떨어져 죽지 아니하면 한 알 그대로 있고 죽으면 많은 열매를 맺느니라 요 12:24

우리 안에 하나님이 계심을 믿어야 한다. 우리는 신앙이 있고 직분을 맡았음에도 불구하고 너무나 쉽게 흔들릴 때가 있다. 어느 순간 하나님은 온데간데없고, 부모의 고집이나 본인의 생각과 판단만 남아있는 경우를 종종 보게 된다. 그럴 때일수록 '나는 하나님의 자녀다.'라는 분명한 인식이 필요하다.

> 영접하는 자 곧 그 이름을 믿는 자들에게는 하나님의 자녀가 되는 권세를 주셨으니 요 1:12

모세의 내면에 있던 두 번째 인식은 '나는 하나님의 뜻을 행하리라.'이다. 애굽의 왕자로 자란 모세는 40세에 이르러 자신이 하나님의 백성이라는 분명한 신앙의 인식을 하게 된다. 그 결과 자신의 동족 즉 형제인 히브리 민족을 학대하는 애굽 사람을 죽였다. 이 일이 발각되면서 모세는 애굽의 왕궁에서 달아나 미디안 광야로 도망치게 된다.

> 바로가 이 일을 듣고 모세를 죽이고자 하여 찾는지라 모세가 바로의 낯을 피하여 미디안 땅에 머물며 하루는 우물 곁에 앉았더라 출 2:15

모세는 살기 위해 미디안 광야로 도망쳤고 목이 말라 우물을 찾게 된다. 당시 고대 근동 사막은 물이 매우 귀하기에 우물을 공동으로 사용해야 했다. 그래서 여럿이 힘을 합쳐야 들 수 있는 큰 돌로 우물을 덮어 두었다가 필요할 때마다 여러 목자가 함께 모여 이 돌을 들어내고 우물을 사용했다. 그러니 우물을 사용할 때는 항상 목자들이 많이 모여 있었고, 그들 중에는 힘센 자들이 약한 자들에게 횡포를 부리는 일도 더러 있었다.

모세가 우물에 도착했을 때도 비슷한 광경이 벌어진다. 힘센 목자들이 횡포를 부리며 물을 길으러 온 여인들에게 물을 주지 않는 상황을 보게 된 것이다. 그 광경을 본 모세는 과감히 그들과 대적했고, 물을 길으러 온 제사장 딸들의 양이 물을 먹을 수 있게 도와주었다.

> 목자들이 와서 그들을 쫓는지라 모세가 일어나 그들을 도와 그 양 떼에게 먹이니라 출 2:17

지금 모세는 어떤 처지인가? 살기 위해 미디안 광야로 도망 나온 처지이다. 상식적으로 이런 상황이면, 약한 자들이 억울함을 당하는 것을 보고도 그냥 지나치는 것이 새로운 지역에서 살아가는 데 필요한 삶의 처세술이다.

그런데도 모세는 그렇게 하지 않았다. 자기 자신만의 삶을 생각한 것이 아니라 약자들에게 도움을 주는 삶을 선택했다. 왜 그랬을까?

지금 비록 자신의 삶이 어렵다고 할지라도 그것이 하나님께서 원하는 뜻이라고 여겼던 까닭이다. 그 인식을 가슴속 깊이 간직했기에 자신을 위한 행동이 아닌 하나님의 뜻을 찾아가는 행동을 한 것이다. 다시 말해 모세의 마음에는 '하나님. 제가 현재 처한 현실은 어려워도 하나님의 뜻을 행할 때 하나님이 저와 함께 계신 줄 믿습니다!'라는 인식이 있었다는 사실이다.

사람은 대부분 자기 자신을 먼저 생각하기 마련이다. 이는 인간의 본능적인 반응이다. 하지만 모세의 마음에는 하나님을 향한 분명한 신앙고백이 가득 차 있었기에 자신이 비록 지금 어려운 처지에 있다고 할지라도 하나님의 뜻을 먼저 찾고 행하는 행동을 한 것이다. 이렇게 모세의 도움으로 무사히 물을 긷게 된 여인들이 평소보다 빨리 집으로 돌아오자 그의 아버지가 묻는다.

> [18]그들이 그들의 아버지 르우엘에게 이를 때에 아버지가 이르되 너희가 오늘은 어찌하여 이같이 속히 돌아오느냐 [19]그들이 이르되 한 애굽 사람이 우리를 목자들의 손에서 건져내고 우리를 위하여 물을 길어 양 떼에게 먹였나이다 출 2:18~19

"어떻게 빠른 시간에 물을 길어 왔느냐?"라는 아버지의 물음에 딸들은 자신들이 겪은 일을 상세히 전한다. "우리들이 물을 길으러 갔을 때 횡포 부리는 목동들이 있었는데 어떤 한 사람이 나타나서 그들의 횡포를 막고 우리가 물을 긷도록 도와줘서 이렇게 빠른 시간에 물을 길어 올 수 있었어요."라고 대답했다.

고대 근동 사막 지역은 지금도 그렇지만 매우 마른 지역이라 땅을 깊이 파야 물이 나온다. 그러니 물을 길 때 물이 있는 깊은 곳에서부터 끌어 올려야 했고, 때문에 여자들에게 무척이나 힘든 일이었다. 안 그래도 힘든 상황인데 목자들의 횡포까지 더해지니 얼마나 난감했겠는가! 그런 위기의 순간에 낯선 이방인이 자신들을 목자들의 횡포에서 건져 주었을 뿐만 아니라 무척 힘든 일로 여겨지는 물 긷는 일까지 도와준 것이다.

모세는 왜 이런 행동을 했을까? 자신도 분명 힘들고 지친 상황임에도 굳이 다른 사람을 먼저 도와주었을까? 그것은 모세 안에 하나님의 자녀라는 분명한 확신이 있었기에 가능했다. 하나님의 자녀이니 그분의 뜻을 따라 어려운 이웃을 먼저 돕는 일을 선택한 것이다.

그런데 놀랍게도 하나님의 뜻을 따라 남을 도왔던 이 계기가 모세에게는 광야에서 한 가정을 이루고 사는 동기가 된다. 결국은 하나님의 뜻이 자기에게 유익이 됐음을 보게 된 것이다. 모세는 그렇게 미디안 광야에 있는 제사장의 딸 중 하나와 결혼을 하고 가정을 이루었다.

> 모세가 그와 동거하기를 기뻐하매 그가 그의 딸 십보라를 모세에게 주었더니 출 2:21

우리 안에 늘 품는 질문이 있다. '지금 나를 향한 하나님의 뜻이 무엇일까?'라는 것이다. 개인적으로 '내게 목사의 직업을 주신 하나님의 뜻은 무엇일까? 하나님이 오늘 내게 직분을 주신 뜻은 무엇일까? 하나님이 내게 은사를 주신 뜻은 무엇일까? 오늘 내게 이런 일을 할 수 있도록 허락하신 하나님의 뜻은 무엇일까?'라는 질문을 하게 된다.

우리 대부분은 모두 각자가 처한 현실을 먼저 생각하고 자신의 이익을 먼저 따지기에 하나님의 뜻을 저버릴 때가 많다. 그러나 모세는 하나님의 뜻을 구하며 실천했기에 도망친 광야에서 한 가정을 이루는 큰 복을 받았다. 우리도 마찬가지다. 모세처럼 먼저 하나님의 뜻을 행하면 반드시 그분이 주시는 큰 이익과 복을 누리게 될 것이다.

마지막으로 모세는 이 모든 일이 신앙의 훈련임을 인식했다. 애굽에서 미디안 광야로 도피한 모세는 우연히 하나님의 뜻을 행하다가 미디안 제사장 르우엘의 딸과 결혼하면서 르우엘 제사장의 집에 머물게 된다. 이후로 모세는 하나님으로부터 소명을 받기까지 미디안에서 목동 생활을 하며 신앙 훈련을 받았다. 무려 40년 동안 말이다. 애굽의 왕자로 생활하던 모세가 하루아침에 양을 치는 힘든 노동을 하면서 산다는 것은 결코 쉬운 일이 아니다. 그러나 모세는 그 힘든 광야 생활이 자신에게 찾아온 신앙의 훈련임을 인식하며 믿음으로 견뎠다. 그렇게 모세는 하나님의 계획대로 40년 동안 미디안 광야에서의 훈련을 거친 후에야 위대한 민족의 지도자로 세워졌다.

하나님은 언제나 훈련된 자를 쓰신다. 예수님도 공생애 3년의 사명을 위해 30년을 준비하셨다. 사도 바울도 훌륭한 지도자가 되기 위해 아라비아 광야에서 오래도록 신앙의 훈련을 받았다. 다윗도 이스라엘의 위대한 왕이 되기까지 사울을 피해 도망 다녀야만 하는 훈련의 과정을 통과했다.

신앙의 훈련은 비록 그 기간에 짧고 긴 정도의 차이는 있지만, 하나님의 일을 하고자 하는 자는 누구나 반드시 이 신앙의 훈련을 거쳐야만 한다. 지금은 영적 전쟁의 시대이다. 이단들이 믿는 우리의 마음을 교묘히 넘어뜨리려고 한다. 이럴 때 훈련돼있지 않다면 쉽게 넘어질 수밖에 없다. 군인이 적과 싸워서 이기는 방법은 훈련밖에 없다. 오직 훈련을 통해 자신을 무장시켜야 하는 것이다. 올림픽에 나가는 선수들도 마찬가지다. 웃는 자와 우는 자의 모습은 결국 누가 얼마나 훈련을 더 많이 했느냐 덜 했느냐의 차이로 판가름 난다. 당연하다. 더 많이 훈련했던 이는 메달을 목에 걸고 웃지만, 부족했던 이는 쓸쓸하게 울 수밖에 없다.

지금 우리의 마음 안엔 어떤 인식이 자리하고 있는가? 우리 모두의 마음속에도 모세가 했던 내면의 인식이 필요하다. '나는 하나님의 자녀다. 나는 하나님의 뜻을 행한다. 나도 신앙의 훈련을 받으리라.'라는 굳건한 인식이 있어야 한다. 이 세 가지의 확실한 인식이 내면에 있을 때, 하나님이 주시는 큰 유익과 축복을 누리며 영적 전쟁에서 당당히 승리하게 될 것이다.

하나님이 부르실 때

성경에는 많은 사건과 인물들이 소개된다. 그런데 특이한 점은 그 많은 사건과 인물 중에서 하나님을 직접 본 사람은 한 명도 없다는 사실이다. 하나님은 사람을 통해 일하시고 하나님의 일을 하실 때마다 사람들을 부르시는데도 말이다. 그 하나님의 부르심을 소명이라고 한다. 소명이란 신의 부름을 받는다는 종교적인 용어이다.

그렇기에 신앙생활의 여러 은혜 가운데서도 중요한 것 중 하나가 바로 하나님이 자신을 부르신 소명을 깨닫는 것이다. 가령 어떤 한 성도가 별생각 없이 매주 성전 청소를 하는 것과 하나님이 자신을 부르셔서 성전을 청소하게 하신다고 깨닫는 것에는 큰 차이가 있다는 말이다.

출애굽기 3장에 하나님이 미디안 광야에서 그저 평범하게 살아가는 모세를 부르시는 장면이 소개된다. 모세는 태생이 히브리 노예였다. 태어나면서부터 죽어야 할 운명이었지만 하나님의 계획과 인도로 애굽 왕궁에서 40년을 살고, 또 미디안 광야에서 40년을 훈련받는다. 그렇게 광야의 양치기로 살아가던 모세를 하나님이 직접 찾아가셔서 부르시고, 모세를 향한 뜻을 전한다.

과연 하나님은 모세를 어떻게 부르셨고, 그 부르심의 의미는 무엇이었을까?

> 모세가 그의 장인 미디안 제사장 이드로의 양 떼를 치더니 그 떼를 광야 서쪽으로 인도하여 하나님의 산 호렙에 이르매 출 3:1

어느 날, 모세는 양 떼를 이끌고 시나이반도 끝에 위치한 호렙산에 도착하게 된다. 그런데 그곳에서 참으로 이상한 현상이 나타난 광경을 보는데, 광야에서 흔히 볼 수 있는 떨기나무에 불이 붙어 타고 있었다. 나무에 불이 붙었으면 당연히 나무가 타서 없어져야 하는데 이상하게도 계속 불은 타지만 나무는 없어지지 않고 그대로 있는 불길을 보게 된 것이다.

> 여호와의 사자가 떨기나무 가운데로부터 나오는 불꽃 안에서 그에게 나타나시니라 그가 보니 떨기나무에 불이 붙었으나 그 떨기나무가 사라지지

승리를 약속하다

아니하는지라 출 3:2

"불이 붙었으나 그 떨기나무가 사라지지 아니하는지라"

여기서 불꽃은 불이 맹렬히 타오르는 모습으로 기록되었다. 모세는 참으로 이해할 수 없는 이 광경을 보고 무척이나 놀랐다. 그렇지 않은가. 큰 불꽃이 일어날 정도로 불이 맹렬히 타오른다면 불이 붙은 떨기나무는 타면서 없어져야 하는데 이상하게도 나무는 그대로 있고 불꽃만 맹렬히 타오르니 말이다. 그러니 모세는 이 알 수 없는 현상을 그냥 지나칠 수 없었다. 그 불꽃을 유심히 보자 그 타는 불꽃 속에서 하나님의 사자가 나타났다.

참으로 이해되지 않는 현상이다. 하나님은 이처럼 모세를 부르실 때 이해되지 않는 현상을 보여주셨다. 하나님은 왜 그런 이상한 현상으로 모세에게 나타나셨을까? 그분은 우리의 이해와 논리로는 도저히 예측할 수 없는 초월적인 분이기에 그렇다. 그러니 하나님을 믿는다는 것은 이해해서 믿는 것이 아니라 믿다 보면 이해되는 분임을 기억해야 한다. 이처럼 하나님은 사람을 부르실 때 현상을 보여주심으로 부르신다.

오늘날 우리 안에도 이런 경험은 여전히 계속된다. 믿음으로 열심히 살아가지만, 간혹 정말 이해되지 않는 아니 전혀 이해할 수 없는 일을 만날 때가 있다. 그때 우리는 모든 인간적인 생각을 멈추고 하나님의 인도하심은 과연 무엇일까 생각하곤 한다. 혹은 무엇 때문에 하나님은 이런 현상을 보여주실까 생각하기도 한다.

한 가지 분명한 것은 성경에 나타나는 수많은 사건과 일들을 볼 때면, 하나님의 사건과 일들은 우리 인간의 생각과 판단으로는 도저히 이해할 수도 이해될 수도 없다는 사실이다. 그 사건과 일들 속에는 하나님의 의도하심이 들어있기에 감히 인간의 지식이나 이성적 판단으로는 도저히 납득할 수 없다. 그래서 여러 일을 믿음으로 겪은 후에야 비로소 무릎을 치며 "아, 하나님이 이 일을 이루시려고 그때 그 일을 하셨구나!" 하며 깨닫는 것이다.

열왕기하 4장에는 엘리사라는 선지자의 이야기가 나온다. 엘리사는 하나님의 선지자로 수넴이라는 마을을 지나게 된다. 그때 그 마을의 한 여인이 자기 앞을 지나가는 사람이 하나님의 선지자와 그 일행이라는 것을 알아채고 자신의 집으로 초청해 갖가지 음식을 제공하며 정성껏 섬겼다. 구약시대에는 광야에서 음식을 먹는다는 것 즉 새로운 마을을 지나다가 음식을 얻어먹는 일이 극히 드물었다. 그런데 이 여인은 자기 집으로 선지자들을 초청해 대접한다.

[8]하루는 엘리사가 수넴에 이르렀더니 거기에 한 귀한 여인이 그를 간권하

여 음식을 먹게 하였으므로 엘리사가 그 곳을 지날 때마다 음식을 먹으러 그리로 들어갔더라

¹⁰청하건대 우리가 그를 위하여 작은 방을 담 위에 만들고 침상과 책상과 의자와 촛대를 두사이다 그가 우리에게 이르면 거기에 머물리이다 하였더라 왕하 4:8, 10

이 여인은 그들을 자신의 집으로 초대한 후 정성껏 음식을 대접하는데 음식만 대접한 것이 아니라 남편과 상의하여 그들에게 기거할 집까지 제공하며 극진히 섬겼다.

이런 세심한 배려에 엘리사는 크게 감동했고, 그 가정의 문제를 해결해 주고 싶은 마음이 들었다. 모든 것을 다 갖춘 가정이었지만 딱 하나의 문제가 있었으니 바로 자식이 없었다. 그래서 엘리사는 생명의 문제를 놓고 하나님께 기도했다.

엘리사가 이르되 그러면 그를 위하여 무엇을 하여야 할까 하니 게하시가 대답하되 참으로 이 여인은 아들이 없고 그 남편은 늙었나이다 하니
왕하 4:14

아이를 낳고 싶지만, 남편이 늙었기에 현실적으로 보면 불가능한 상황이었다. 이런 가정에 하나님의 선지자 엘리사가 하나님의 전능하신 능력으로 생명을 얻도록 기도했다.

> 여인이 과연 잉태하여 한 해가 지나 이 때쯤에 엘리사가 여인에게 말한 대로 아들을 낳았더라 왕하 4:17

수넴 여인에게 상상할 수도 없던 기적 같은 일이 나타났다. 임신하여 아들을 낳은 것이다. 이 놀라운 일을 보면서 하나님을 또 하나님이 보내신 선지자를 잘 섬길만하다고 생각할 수 있다. 그런데 그런 생각도 잠시, 이 가정에 전혀 예상치 못한 일이 벌어진다. 이 귀한 아이가 들에 나갔다가 그만 일사병에 걸려 죽고 말았다. 그것도 서서히 병든 것이 아니라 갑자기 죽어 버린 것이다.

> [19] 그의 아버지에게 이르되 내 머리야 내 머리야 하는지라 그의 아버지가 사환에게 말하여 그의 어머니에게로 데려가라 하매 [20] 곧 어머니에게로 데려갔더니 낮까지 어머니의 무릎에 앉아 있다가 죽은지라 왕하 4:19~20

너무나 갑작스럽고 황당하게 벌어진 이 일로 인해 모든 것이 끝난 상태였다. 아버지를 따라 들에 나갔던 아들이 갑자기 죽었으니 얼마나 황망한 상황인가. 이 가정에 찾아온 현실의 문제 앞에 아이의 부모는 '어찌 이럴 수가 있을까?' 하며 하나님을 향해 원망하는 것이 자연스러운 모습일 터다.

그런데 이 수넴 여인은 아들이 죽은 상황 앞에서 먼저 하나님의 뜻을 찾았다. 처음에는 하나님의 선지자와 관계가 좋아서 잘 섬겼지만, 아들이 생기자 선지자와의 관계가 끊어졌음을 깨달았다. 이에 수넴 여인은 아들의 죽음을 보고 절망과 원망 대신 제일 먼저 하나님의 선지자를 찾아갔다. 선지자의 발을 끌어안고 자신의 잘못을 구하며 강제적으로라도 하나님의 선지자를 자신의 집으로 모셔오려고 했다.

> 산에 이르러 하나님의 사람에게 나아가서 그 발을 안은지라 게하시가 가까이 와서 그를 물리치고자 하매 하나님의 사람이 이르되 가만 두라 그의 영혼이 괴로워하지마는 여호와께서 내게 숨기시고 이르지 아니하셨도다 하니라 왕하 4:27

오랜만에 엘리사를 마주한 여인은 만나자마자 그의 발을 끌어안았다. 발을 안은 것은 관계의 회복을 의미한다. 이제는 떨어질 수 없다는 표현이다. 은혜가 충만할 때는 관계가 좋았지만 반대로 은혜가 떨어지면서 관계가 멀어졌다. 결국 이 여인은 강제로 엘리사를 집으로 모셔왔는데 이때 엘리사의 행동이 독특했다. 수넴 여인의 집에 도착한 엘리사가 가장 먼저 한 행동은 집안 여러 곳을 이리저리 다닌 것이다. 그리고 난 후 죽은 아이를 위해 기도하자 아이가 살아나는 기적이 일어났다.

> 엘리사가 내려서 집 안에서 한 번 이리 저리 다니고 다시 아이 위에 올라 엎드리니 아이가 일곱 번 재채기 하고 눈을 뜨는지라 왕하 4:35

수넴 여인의 가정에 일어난 이상한 현상만 봐도 인간적인 판단으로는 도저히 이해가 되지 않는다. 그러나 하나님은 이해되지 않는 아들의 죽음을 통해 계획하신 뜻이 있었다. 멀어졌던 수넴 여인을 다시 불러 관계를 회복시키고자 하신 것이다. 아들이 죽은 후 엘리사를 찾아온 수넴 여인을 보자 엘리사가 한 인사를 통해 그동안 두 사람 사이의 관계를 짐작할 수 있다. 엘리사가 여인에게 처음 건넨 말은 "그동안 평안했습니까? 남편도 평안하고 아이도 잘 있습니까?"로 아이를 잃기 전까지 수넴 여인과 엘리사의 관계가 전혀 없었음을 보여준다.

> 너는 달려가서 그를 맞아 이르기를 너는 평안하냐 네 남편이 평안하냐 아이가 평안하냐 하라 하였더니 여인이 대답하되 평안하다 하고 왕하 4:26

결국 하나님은 수넴 여인을 하나님께로 다시 부르는 콜링calling을 하셨다. 수넴 여인이 이해할 수 없는 아들의 죽음이라는 현상을 통해서 말이다.

그렇다. 하나님은 인간을 집중시키실 때, 간혹 이해되지 않는 일을 통해 역사하신다. 왜냐하면 인간의 본성상 이해되는 일로는 하나님께 집중하지 않기에 그렇다. 오늘날도 마찬가지다. 믿음으로 열심히 사는데도 불구하고 더러 이해되지 않는 일이 생긴다면 나로 하여금 빨리 하나님께 집중하라는 사인^{sign}임을 깨달아야 한다. 하나님은 그렇게 이해되지 않고 이해할 수도 없는 현상을 통해 부르신다는 사실을 기억해야 한다.

하나님은 모세에게도 떨기나무 가운데 타는 불꽃을 통해 먼저 집중시키신 후 모세에게 말씀하셨다. 불꽃은 활활 타지만 나무는 전혀 타들어 가지 않는 신기한 광경 앞에서 모세는 그렇게 하나님의 부르심을 경험했다. 모세뿐만이 아니다. 우리의 믿음 생활에서도 이해되지 않거나 전혀 예상치 못한 일을 만난다면 잠잠히 하나님이 주시고자 하는 부르심을 점검해야 한다.

그렇다면 하나님은 우리를 왜 부르실까라는 질문을 하게 된다. 하나님이 우리를 부르신 이유는 하나님의 일을 하기 위해서이다. 모세는 40년 동안 애굽의 왕궁에서 왕궁 교육을 받았다. 왕궁의 법부터 앞으로 살아가는 데 필요한 모든 교육을 받았을 터다. 이 모든 교육은 모세가 공주의 아들로서 살아가는 데 필요한 것이었다.

그런데 하나님은 모세를 부르신 후 앞으로 모세가 살아가야 할 일들에 대해 말씀하지 않았다. 오히려 모세가 전혀 생각하지도 못했던 일, 즉 애굽에 있는 히브리 민족의 해방을 위해 수고하라고 말씀하셨다.

> 이제 내가 너를 바로에게 보내어 너에게 내 백성 이스라엘 자손을 애굽에서 인도하여 내게 하리라 출 3:10

말씀의 첫 구절에 이제라는 단어가 사용됐다. 이제라는 말은 시간을 나타내는 '앗타(עַתָּה)'라는 히브리어에서 유래됐다. 이 단어는 성경에서 급박한 활동을 언급하는 문맥에서 자주 발견되는데, 하나님의 신속한 개입을 뜻하기도 한다. 즉 "모세야! 이제는 너를 위한 일만 하지 말고 나를 위한 일을 하라."라는 의미인 것이다. 고통당하는 히브리 백성에게 가서 그들을 구원해내라는 말씀이셨다.

그간 애굽 왕궁에서 준비한 모든 것을 더는 모세 자신이 아닌 하나님을 위해 쓰길 바라시는 마음이었다. 그래서 애굽에 능통한 모세를 부르셔서 하나님의 일을 맡기신 것이다. 하나님의 백성을 구출하기 위해 모세를 직접 보내신 것이다.

그런데 여기서 한 가지 의문이 생긴다. 어떻게 모세 혼자서 바로 왕으로부터 히브리 민족을 구원할 수 있었을까? 일개 한 개인이 어찌 당시 최강대국인 애굽을 꺾을 수 있었을까?

이 불가능해 보이는 일이 가능했던 이유는 단 하나이다. 하나님이 친히 모세와 함께하셨기 때문이다. 모세도 자신이 도저히 혼자 감당할 수 없는 일임을 알았기에 하나님께 할 수 없노라 이야기했다. 하지만 하나님은 그런 그를 향해 걱정하지 말라며 든든한 약속을 하셨다. "내가 반드시 너와 함께하겠다."라고 말이다.

> [11]모세가 하나님께 아뢰되 내가 누구이기에 바로에게 가며 이스라엘 자손을 애굽에서 인도하여 내리이까 [12]하나님이 이르시되 내가 반드시 너와 함께 있으리라 네가 그 백성을 애굽에서 인도하여 낸 후에 너희가 이 산에서 하나님을 섬기리니 이것이 내가 너를 보낸 증거니라 출 3:11~12

하나님이 사람을 부르셔서 그분의 일을 감당하라고 하실 때는 결코 그가 홀로 일하도록 내버려 두지 않으신다. 하나님이 친히 그와 함께하신다. 모세가 어찌 혼자서 당시 최대 강국인 애굽의 바로 왕을 꺾고 자기 민족을 해방시키는 그 큰일을 할 수 있겠는가? 누가 봐도 불가능한 일이다. 그러나 하나님은 모세와 함께하셔서 하나님이 계획하신 위대한 일을 할 수 있게끔 도와주시겠다고 약속하셨다.

오늘날도 다르지 않다. 하나님은 오늘도 여전히 우리를 부르셔서 각 사람에게 합당한 은사를 주시고 하나님의 일을 하도록 만드신다. 때로는 우리 힘으로 하기에는 누가 봐도 불가능한 일을 주실 때도 있지만, 우리와 함께하시는 하나님을 믿고 믿음으로 나아간다면 반드시 놀라운 일을 이루실 것임을 기억해야 한다.

종이 한 장은 약하다. 그러나 약한 종이는 나무로 만들어졌고, 그 나무에 불을 붙이면 강한 힘으로 바뀐다. 그래서 사도 바울은 고백했다. "나는 너무 약합니다. 그러나 주님의 능력으로 그 어떠한 사명도 감당할 수 있습니다(빌 4:12~13)."라고 말이다. 이는 가난해서 사명을 감당할 수 없거나 돈이 많아서 사명을 감당할 수 있다는 의미가 아니다. 오직 주님의 능력으로만 사명을 감당할 수 있다는 의지적인 신앙고백이다.

하나님이 우리를 부르셨다. 그리고 각자에게 사명을 주셨다. 하지만 간혹 우리가 받은 이 사명이 희미해질 때가 있다. 그럴 때 하나님은 우리에게 어떤 현상을 통해서 우리를 다시 부르신다. 하나님의 일을 하라고 부르시는 것이다. 희미해진 사명을 다시 깨달으라고 하신다. 그리고 분명히 말씀하신다. 하나님이 함께하신다고 말이다.

그러니 우리에게 그 어떤 이해할 수 없는 현상이 일어나더라도 두려워하지도, 절망하지도, 좌절하지도 말아야 한다. 오직 하나님의 위대한 사명자로 굳건히 서야 한다. 이 부르심의 소명을 새롭게 깨닫는다면 그 어떤 상황도 어려움도 반드시 이겨내는 사명자가 될 것이다. 하나님이 함께하신다는 사실 그 하나만으로 우리는 이미 승리의 소명자다.

질문과 대답 I

세상이라는 울타리 안에 살면 가끔 인생에 대해 의심을 하곤 한다. 물음표를 던질 때가 있다. 특히나 인생에서 자신이 원하는 대로 삶이 흘러가지 않을 때 회의를 느끼고 여러 의문을 품게 된다. 이러한 현상은 영적인 신앙생활에서도 동일하게 나타난다. 주로 자신이 생각하거나 기대하는 모습의 하나님을 도통 볼 수 없을 때 나타나고, 그 결과로 하나님을 의심하거나 회의를 품고 질문을 던지게 된다. 마치 학생이 수업 시간에 강의를 듣다가 본인의 생각과 맞지 않거나 이해되지 않을 때 구체적으로 알기 위해서 선생님께 질문하는 것과 비슷하다. 선생님에게서 들은 답변이 충분히 이해되면 자신이 공부하는 내용에 대해 더욱 자신감이 생기고 더러는 더 깊은 학문에 도전하는 계기로 이어지기도 한다.

모세 또한 하나님께 질문하고 대답을 구한 적이 있다. 애굽의 왕궁에서 자란 모세였지만 자신의 민족인 히브리 민족을 살리려고 애굽 사람을 죽였고, 그 일로 도망자 신세로 살던 터였다. 그런 자신을 부르시고 들려주신 하나님의 음성은 모세에게 수많은 질문을 갖게 했다.

> 이제 내가 너를 바로에게 보내어 너에게 내 백성 이스라엘 자손을 애굽에서 인도하여 내게 하리라 출 3:10

떨기나무의 타는 불꽃 가운데서 하나님의 음성을 듣고 놀란 모세는 아무리 생각해도 그 일을 자신이 결코 할 수 없음을 인지한다. 그래서 모세는 하나님께 질문했다.

> 모세가 하나님께 아뢰되 내가 이스라엘 자손에게 가서 이르기를 너희의 조상의 하나님이 나를 너희에게 보내셨다 하면 그들이 내게 묻기를 그의 이름이 무엇이냐 하리니 내가 무엇이라고 그들에게 말하리이까 출 3:13

"하나님! 제가 애굽에 있는 이스라엘 백성에게 가서 하나님이 저를 보냈다고 하면 이스라엘 백성이 오히려 제게 하나님의 이름을 물으며 그 증표를 대라고 할 텐데 그러면 저는 어떻게 말해야 하나요?"

이런 모세의 질문에 하나님은 친히 대답하셨다. 그리고 모세의 질문에 대답하셨던 그 하나님은 지금 하나님에게 질문하는 우리에게도 여전히 대답하신다. 하나님으로부터 대답을 듣게 될 때 우리 신앙의 여러 답답함과 수많은 의문이 속 시원하게 해결된다.

모세의 질문에 대한 하나님의 대답은 무엇이었는가? 하나님은 스스로 있는 자라고 대답하셨다.

> 하나님이 모세에게 이르시되 나는 스스로 있는 자이니라 또 이르시되 너

는 이스라엘 자손에게 이같이 이르기를 스스로 있는 자가 나를 너희에게 보내셨다 하라 출 3:14

"하나님! 이스라엘 백성이 '너를 보낸 자의 이름이 무엇이냐?'라고 묻는다면 무엇이라 할까요?"라는 모세의 질문에 하나님은 자기를 "스스로 있는 자"라고 말하라고 말씀하셨다. 여기서 모세가 이렇게 질문한 의도는 이스라엘 백성이 하나님에 대해 무지해서 모세 자신의 말을 전혀 듣지 않을 것임을 염려한 질문이었다.

이스라엘 백성은 4백여 년 동안 애굽에서 노예 생활을 했다. 그러니 하나님을 잊은 것은 물론이고 애굽의 우상숭배에 완전히 물든 상태였다. 이런 상황에서 하나님이 모세를 자신들을 구원하기 위해 보냈다고 말한다면, 분명 이스라엘 백성 누구도 모세의 말을 듣지 않을 것이 명백했다. 이스라엘 백성 모두 모세를 보내신 이가 누구이며, 그 신의 능력은 얼마나 되는지 의심할 게 뻔했다. 그래서 모세는 하나님의 이름을 가르쳐 달라고 질문한 것이다.

"스스로 있는 자"라는 뜻은 하나님은 다른 어떤 존재에 의해 있는 것이 아니라 스스로 영원 전부터 존재하는 분이라는 의미이다. 그러니 하나님은 피조물과는 달리 다른 어떤 존재에도 의존하지 않는 완전히 독립된 분이자 모든 피조물과 구별되는 초월적이며 처음과 끝이 없는 영원한 분이다. 다시 말해 하나님은 스스로 계신 분이다. 누가 있으라고 해서 존재하는 분이 아니라 그냥 스스로 계신 분임을 의미한다. 어떤 재료가 원인이 되어 만들어진 것이 아니라는 말이다. 예를 들어 컵이나 교회의 강대상은 이것을 만든 분명한 재료가 있다. 우리 자신도 부모님이 계시기에 태어날 수 있었다. 마찬가지로 이 땅에 있는 모든 것은 이러한 인과관계나 재료가 있어야만 만들어진다.

그러나 하나님은 어떤 원인도 그 어떤 재료도 필요치 않고 그저 스스로 계신 분이다. 그렇기에 성경의 출발은 스스로 계신 하나님이 이 땅의 모든 피조물을 창조하신 것으로부터 시작한다.

창세기 1장 1절은 "태초에 하나님이 천지를 창조하시니라"로 시작한다. 태초란 하늘과 땅이 생겨난 맨 처음을 말한다. 스스로 계신 분이 이 땅에 필요한 모든 것을 오직 말씀으로 만드신 것이다. 이 땅의 모든 것은 재료와 원인이 있어야 존재할 수 있지만, 하나님은 그 어떤 재료나 원인도 필요치 않고 창세 이전부터 스스로 존재하신 분이다. 그러니 우리의 인간적이고 제한된 지식과 이성으로는 하나님이 계시냐 안 계시냐를 판단하는 것 자체가 도저히 말이 되지 않는다. 하나님은 유일한 분이다. 하나님 외에는 다른 어떤 존재도 신이 될 수 없기에 그렇다.

> 땅의 모든 끝이여 내게로 돌이켜 구원을 받으라 나는 하나님이라 다른 이가 없느니라 사 45:22

> 주 하나님이 이르시되 나는 알파와 오메가라 이제도 있고 전에도 있었고 장차 올 자요 전능한 자라 하시더라 계 1:8

하나님은 인간의 시간개념을 뛰어넘는 분이다. 그분에게는 시작과 끝이 있는 것이 아니라 영원부터 영원까지 언제나 존재하시는 분이다. 그분은 세상의 모든 피조물과 달리 스스로 존재하며 모든 원인으로부터 자유 하는 동시에 또 모든 만물의 궁극적 원인이 되는 유일한 분이다. 즉 초월자이며 절대자이다. 초월은 어떤 한계나 표준, 이해를 넘어 경험과 인식을 벗어난 상태를 뜻한다. 그렇기에 피조물은 만드신 분의 능력을 자신들의 인지능력으로는 도저히 이해할 수가 없다.

그런데도 우리는 계속 우리의 인지능력으로만 하나님을 이해하려는 과오를 범한다. 인간의 능력으로는 도저히 하나님을 이해할 수 없음에도 말이다. 그러니 우리의 좁은 지식과 제한된 이성의 잣대로 하나님의 존재 유무를 논하는 것 자체가 어불성설이다.

하나님에 대해 아는 방법은 지식 습득으로 혹은 인간의 판단 기준으로는 결코 이루어지지 않는다. 하나님은 영적인 분이기에 그렇다. 그래서 오직 영적 체험을 통해서만 그분을 알 수 있고, 또 그 길만이 그분을 아는 유일한 통로이다.

> [19]내가 아노니 강한 손으로 치기 전에는 애굽 왕이 너희가 가도록 허락하지 아니하다가 [20]내가 내 손을 들어 애굽 중에 여러 가지 이적으로 그 나라를 친 후에야 그가 너희를 보내리라 출 3:19~20

하나님의 이름을 묻는 모세의 질문에 대한 그분의 두 번째 답은 바로 '강한 능력을 행하시는 자'이다. 하나님에 대한 의심을 품고 질문하는 모세에게 스스로 있는 자이심을 먼저 대답하신 후, 모세가 이스라엘 백성을 이끌어 애굽에서 탈출시키지만 애굽 왕이 순순히 그의 말을 따르지 아니할 것임을 미리 알려주셨다. 그러니 하나님이 강한 능력을 행하여 친히 애굽의 왕을 치시겠다고 말이다.

당시 애굽 나라의 경제는 전적으로 히브리 노예들의 노동력에 의지했다. 이런 형편이니 애굽 왕 바로가 장정만 60만 명이 넘는 히브리 노예를 하나님의 말을 듣고 순순히 보내줄 리가 없었다.

이 모든 상황을 아시는 하나님이 모세에게 말씀하신다. "내가 강한 손으로 강한 능력으로 애굽 왕 바로를 꺾고 너희들을 구출해 주겠다."라고 말이다.

출애굽기 3장 19절에 "강한 손"과 20절에 "내 손을 들어", "여러 가지 이적", "친 후에야"라고 기록하는데 실제로 애굽 왕 바로는 하나님이 내리신 열 가지 재앙을 받은 후에야 이스라엘 백성을 애굽에서 내보낸다. 이 열 가지 재앙이 얼마나 컸던지 모두가 죽은 자가 되었다고도 쓰였다. 또 이 재앙으로 인해 상황이 급박해지자 바로 왕은 이스라엘 백성으로 하여금 빨리 나가라고 재촉했다고도 기록한다.

> [33]애굽 사람들은 말하기를 우리가 다 죽은 자가 되도다 하고 그 백성을 재촉하여 그 땅에서 속히 내보내려 하므로 [34]그 백성이 발교되지 못한 반죽 담은 그릇을 옷에 싸서 어깨에 메니라 출 12:33~34

이스라엘 백성을 재촉하여 속히 나가라는 선포는 당시 상황이 얼마나 급박하게 이루어졌는지를 설명한다. 이스라엘 백성의 주된 양식인 빵 만드는 반죽이 채 발효도 되기 전에 떠나라고 한 것이 이를 더 뒷받침한다. 이것만 보아도 하나님의 능력이 얼마나 강력했는지를 알 수 있다. 애굽 왕은 모든 것을 포기하고 급하게 이스라엘 백성을 애굽에서 내보내려고 한 것이다.

당시 애굽의 주된 경제력은 히브리 노예의 노동력이었다. 그러니 애굽 왕의 입장에선 노예들을 절대 애굽에서 내보낼 수 없는 상황이었다. 그럼에도 불구하고 하나님의 능력이 얼마나 강력했던지 바로 왕은 너무도 급하게 애굽에서 이스라엘 노예들을 내보낸다. 하나님은 두려워 떨며 자신에게 질문하던 모세에게 대답하셨던 것처럼 하나님의 강력한 능력으로 애굽 왕을 굴복시켜서 이스라엘 백성을 떠나게 만드셨다.

> 내가 애굽 사람으로 이 백성에게 은혜를 입히게 할지라 너희가 나갈 때에 빈손으로 가지 아니하리니 출 3:21

이스라엘 백성에게 자신을 보낸 하나님을 누구라고 설명할지 묻는 모세에게 마지막으로 하나님은 이런 답을 주셨다. 이스라엘 백성에게 은혜를 입히시겠다는 대답이다. 다시 말하자면 이스라엘 백성이 급박하게 애굽에서 빠져나올 텐데 그냥 빈손으로 나오게 하지 않겠다는 뜻이다. 하나님은 친히 애굽인의 마음을 움직여서 그들로 하여금 이스라엘 백성에게 많은 재물을 주어 은혜를 베풀도록 만들겠다고 말씀하셨다. 상식적으로 바로 왕이 지금 이스라엘 노예들을 놓아주는 것도 속상한데 돈까지 순순히 주는 일이 가능한가? 그런데도 하나님은 그렇게 하시겠다고 약속하셨다. 바로 은혜로 말이다.

놀랍게도 이스라엘 백성이 애굽에서 나올 때 애굽인들은 자신의 패물과 은과 금을 주며 그들을 내보냈다. 그렇다면 하나님은 왜 이스라엘 백성이 애굽에서 나올 때 그들에게 금은보석을 가지고 나오게 만드셨을까? 왜일까? 그것은 이들이 가나안 땅에 들어갈 때 가장 필요한 것이기 때문이다. 이를 통해 하나님은 미리 준비시키시고 은혜를 주시는 분임을 다시 한번 깨닫게 된다.

> ³⁵이스라엘 자손이 모세의 말대로 하여 애굽 사람에게 은금 패물과 의복을 구하매 ³⁶여호와께서 애굽 사람들에게 이스라엘 백성에게 은혜를 입히게 하사 그들이 구하는 대로 주게 하시므로 그들이 애굽 사람의 물품을 취하였더라 출 12:35~36

하나님이 말씀하시면 있을 수 없던 일도 생긴다. 불가능한 일도 가능해진다. 애굽 사람의 마음을 움직이셔서 이스라엘 백성에게 공급하시는 하나님의 역사가 이를 증거한다. 이처럼 오늘날 역시 하나님은 우리가 필요한 모든 것을 공급하길 원하신다. 그러니 이런 하나님의 음성을 듣고 삶으로 체험하는 은혜가 더욱 필요하다. 날마다 은혜를 받고 하나님의 은혜가 우리 속에 계속해서 머문다면 생각지도 못했던 놀라운 일들이 일어날 것이다. 우리가 보기엔 길이 막혀 보이는 상황을 만날지라도 절대 포기하지 말아야 한다. 하나님이 새로운 것을 친히 준비해 놓으셨기 때문이다. 믿는 자는 은혜로 산다.

모세와 함께하셨던 하나님이 말씀하셨다.

"모세야, 이 백성을 애굽에서 구출해라."

그러자 모세는 "하나님, 저는 할 수 없습니다. 만약 저들이 나를 보고 하나님이 누구냐고 말하면 무엇이라고 말합니까?"라고 질문했다. 그러자 하나님은 자신을 스스로 있는 자라고 대답하셨다. 강한 능력을 행하는 자이며, 저들에게 은혜를 준다고 말하라고도 하셨다. 놀랍게도 하나님은 모세에게 말씀하신 대로 또 모세에게 답변하신 그대로 다 이루셨다.

혹여 지금 우리 중에 신앙의 고민과 삶의 회의가 밀려와 수많은 물음표를 만들어내는 사람이 있는가? 그렇다고 좌절할 필요 없다. 하나님이 모세에게 주신 말씀을 기억하고, 그 약속을 붙잡아 신앙의 해답으로 삼으면 된다. 그 답안에 우리가 나아갈 길이 있다.

하나님은 스스로 계신 분이다. 그분이 우리와 함께하신다. 그분이 우리에게 강한 능력을 주시며, 은혜 또한 풍성히 주신다. 하나님의 말씀을 온전히 믿는 자에게 그분의 놀라운 은혜의 역사는 지금도 계속되고 있다.

질문과 대답 II

모든 생명체는 자기 자신을 표현하는 능력이 있다. 꽃은 아름다운 색상과 색감으로 나무는 다양한 모양의 가지와 나뭇잎으로 또 동물은 고유한 종의 행동이나 모습으로 자신을 표현한다. 사람도 마찬가지다. 사람이 자신을 나타내는 방법은 여러 가지나 그중 가장 많이 사용하는 표현법은 언어이다. 말을 통해 인간은 내면의 자기 모습을 상대에게 표현하고 전달한다. 사람은 언어로 자신에 대해 설명하기도 하고 상대방에게 질문을 던지기도 한다. 그러니 상대를 향해 질문하거나 받은 질문에 대답할 때면 그 말속에 응당 자신이 의도하는 분명한 내용의 뜻과 방향성이 나타나기 마련이다.

모세와 하나님도 질문을 통해 대화를 나눴다. 하나님은 모세를 떨기나무의 타는 불꽃 가운데서 부르셨고 말씀하셨다. 모세에게 양을 치는 목동이 아닌 애굽 땅에서 고통당하는 이스라엘 백성을 구원하라는 사명을 주신 것이다.

> 이제 내가 너를 바로에게 보내어 너에게 내 백성 이스라엘 자손을 애굽에서 인도하여 내게 하리라 출 3:10

모세의 대답은 하나님의 의도하심과는 전혀 달랐다. 그래서 하나님은 모세를 향해 "내가 너에게 큰 은혜로 함께하며 놀라운 능력을 행할 것이다."라고 말씀하셨다. 그러나 하나님의 말씀에도 불구하고 모세의 마음은 계속 불안했다. 이에 거듭 하나님께 자신의 능력 부족을 언급하며 질문을 했다. 하나님이 모세에게 사명을 주시면서 그와 함께하신다고 말씀하셨음에도 불구하고 모세는 이스라엘 백성이 그를 믿지 않을 것이라며 자신 없는 모습을 보였다.

> 모세가 대답하여 이르되 그러나 그들이 나를 믿지 아니하며 내 말을 듣지 아니하고 이르기를 여호와께서 네게 나타나지 아니하셨다 하리이다 출 4:1

우리는 모세의 질문과 하나님의 대답을 통해 하나님의 의도하심이 무엇인지 발견해야 한다. 모세가 하나님께 사명을 받을 당시 그가 처한 환경과 상황을 보면 사명을 행하기는커녕 좌절할 수밖에 없는 형편이었다. 그러나 하나님이 그와 함께하시고 인도하셨기에 큰일을 행할 수 있었다. 모세처럼 우리도 하나님이 사명을 주셨지만, 주신 사명을 감당하는 것이 힘들고 어려운 상황이 올지도 모른다. 그러나 하나님의 인도하심 속에서 다시 힘을 얻을 때 사명을 완수하는 능력자가 될 수 있다.

그렇다면, 모세에게 원하신 하나님의 의도는 무엇이었을까?

첫째, 도전하는 믿음을 가지라는 것이다. 도전은 정면으로 맞서 싸우는 것을 말한다. 그렇다. 하나님은 모세가 현실만 보고 쉽게 할 수 없다고 말하지 말고 한 번 도전하길 원하셨다. 정면으로 부딪쳐 환경을 뛰어넘으라는 권면이었다. 그래서 모세에게 이렇게 말씀하셨다.

"모세야, 지금 네 손에 있는 것이 무엇이냐?"

"지팡이입니다."

"그러면 그것을 땅 위에 던져라."

하나님은 모세의 입장에서는 너무나 쉬운 것을 하라고 말씀하셨다. 그래서 모세는 아무렇지 않게 말씀하신 대로 지팡이를 던졌다. 순간 마른 지팡이가 땅에 떨어지자마자 무서운 뱀으로 변했고, 그 뱀을 본 모세는 얼른 몸을 피했다.

> [2]여호와께서 그에게 이르시되 네 손에 있는 것이 무엇이냐 그가 이르되 지팡이니이다 [3]여호와께서 이르시되 그것을 땅에 던지라 하시매 곧 땅에 던지니 그것이 뱀이 된지라 모세가 뱀 앞에서 피하매 출 4:2~3

조금 전까지만 해도 자기 손에 들려 있던 평범한 지팡이가 순간 무서운 뱀으로 변한 것이다. 당연히 모세는 뱀을 보고 몸을 피했다. 그런데 그런 모세에게 하나님은 느닷없이 뱀의 꼬리를 잡으라고 말씀하셨다. 상식적으로 맨손으로 뱀의 꼬리를 잡는 것은 너무 무모한 짓이기에 누구나 쉽게 할 수 없는 일이다. 하지만 모세는 하나님의 말씀에 순종하며 무서운 뱀의 꼬리를 과감히 잡았다. 그러자 뱀의 꼬리를 잡는 순간 놀랍게도 뱀이 다시 지팡이로 변했다.

> 여호와께서 모세에게 이르시되 네 손을 내밀어 그 꼬리를 잡으라 그가 손을 내밀어 그것을 잡으니 그의 손에서 지팡이가 된지라 출 4:4

참으로 놀라운 일이다. 무서운 뱀이 금방 다시 지팡이로 변했다. 손으로 잡기 전까지 무서운 독을 품은 뱀이었지만 모세가 하나님의 말씀에 순종하여 믿음으로 꼬리를 잡는 순간 다시 지팡이가 되었다. 그렇다. 성경은 무서운 뱀이 모세의 손이 닿는 그 순간 지팡이로 변했다고 기록한다.

뱀이 무서워 피했던 모세가 어떻게 뱀의 꼬리를 잡을 수 있었을까? 그것은 하나님의 말씀에 순종하는 믿음의 도전이었기에 가능했다. 우리도 신앙생활을 하면서 하나님이 주신 사명을 감당하다 보면 누구나 쉽게 할 수 있는 일이 있고, 또 하기 어려운 일이 있다. 쉬운 일은 별문제가 되지 않지만, 누구나 할 수 없는 어려운 일은 오직 믿음으로 도전하는 자만이 할 수 있다. 이렇게 신앙의 삶에는 두 가지의 구분이 생긴다. '누구나 할 수 있는 일'과 '누구나 할 수 없는 일'이다.

중요한 것은 이 두 가지 구별된 삶이 너무나도 다른 결과를 가져온다는 사실이다. 누구나 할 수 있는 일은 모두가 별생각 없이 쉽게 할 수 있기에 이 행동이 가져오는 삶의 열매와 향기는 그리 좋은 것이 아님이 자명하다. 그러나 누구나 할 수 없는 일은 실행하는 것 자체가 어렵지만 그만큼 맺게 되는 삶의 열매와 향기는 너무나 아름답고 귀해 값진 열매의 결실을 보게 된다.

역설적이게도 우리는 좋은 열매와 좋은 향기를 원하는 본능적인 욕구를 가졌지만, 그에 합당한 행동은 하지 않고 오히려 누구나 쉽게 할 수 있는 일을 하고 만다. 그러나 믿음의 도전이 필요할 때는 바로 누구나 할 수 없는 일을 행할 때이며, 이 일은 자신의 힘이 아닌 하나님이 주시는 믿음으로 행해야 한다. 그래서 모세에게 하나님은 "모세야! 너는 지금 현실만 보며 할 수 없다고 말하지 말고, 내가 함께하므로 할 수 있는 믿음의 도전을 해라."라고 말씀하신 것이다.

이런 하나님의 요구는 모세에게만 국한된 것이 아니다. 오늘날 우리에게도 하나님은 동일하게 요구하신다. 주어진 현실 앞에서 누구나 할 수 있는 일과 사명만이 아닌, 누구도 할 수 없는 더 큰 믿음의 도전을 요구하신다. 그 이유가 무엇인가? 바로 믿음으로 도전하는 자만이 기적을 얻을 수 있기 때문이다. 모세가 행한 믿음의 도전은 결국 그를 430년 만에 이스라엘 백성을 애굽의 노예에서 해방시킨 기적의 주인공으로 만들었다.

당시 모세가 자신의 지팡이를 땅에 버린 일은 누구나 할 수 있는 쉬운 일이었다. 그런데 뱀의 꼬리를 잡는 것은 누구나 할 수 없는 일이었다. 통상 뱀은 머리를 잡아야 물리지 않기 때문이다. 그런데 모세는 지금까지 자신과 함께하신 하나님이 그 순간에도 함께하심을 믿으며 마음의 결단을 내렸다. 모세에게 그 믿음이 뱀의 꼬리를 잡을 수 있는 믿음의 도전을 하게 한 것이다. 그러자 놀랍게도 뱀에 물리지 않고 뱀을 잡는 순간 다시 지팡이로 변하는 기적을 맛보았다. 이처럼 기적은 믿음으로 도전하는 자만이 볼 수 있다. 그것을 반드시 기억해야 한다.

그런데 여기서 의문이 든다. 하나님은 모세에게 왜 뱀을 잡으라고 하셨을까? 당시 뱀은 특별한 의미를 지녔다. 그래서 애굽 왕 바로가 그 권력을 나타내기 위해 선택한 동물이기도 했다. 그러니 모세가 뱀을 잡는 행위는 앞으로 바로 왕의 권력을 무너뜨릴 것이라는 상징적인 의미로 하나님이 미리 보여주신 표징이다. 그렇다. 결국 바로의 절대권력은 모세에 의해 무너져 버리고 만다. 어찌 한낱 평범한 개인이 애굽 왕의 그 큰 권력을 무너뜨릴 수 있었는가? 상상할 수조차 없는 이 일은 모세가 행했던 믿음, 즉 현실을 뛰어넘는 믿음의 도전이 있었기에 가능했다.

오늘날 우리를 향한 하나님의 요구도 이와 같지 않을까? 어떤 상황에서도 현실을 뛰어넘는 큰 믿음의 도전을 통해 놀라운 기적의 주인공이 되길 원하신다.

> 이는 그들에게 그들의 조상의 하나님 곧 아브라함의 하나님, 이삭의 하나님, 야곱의 하나님 여호와가 네게 나타난 줄을 믿게 하려 함이라 하시고 출 4:5

하나님은 "모세야! 너에게 나타난 이 표적을 이제는 믿지 않는 이스라엘 백성을 향해 저들이 믿을 수 있는 분명한 믿음의 근거로 보일 것이다. 내가 너에게 나타난 것을 믿게 할 것이다."라고 말씀하셨다. 모세는 여러 현실적인 문제 때문에 자신은 도저히 애굽의 바로에게서 이스라엘 백성을 구원할 수 없다고 말했다. 이런 모세에게 하나님은 분명한 근거를 제시하신다. 지금까지 모세에게 나타났던 기적의 하나님이 이스라엘 백성에게도 동일하게 나타날 것이니 두려워 말고 믿음의 도전을 통해 사명을 감당하라고 권면하신 것이다.

지금도 마찬가지다. 하나님이 모세에게 하셨던 권면은 오늘날 우리에게도 여전히 요구된다. 그러니 혹여 주의 사명을 감당하는 일에 주저하는 사람이 있다면 하나님의 답변에 귀 기울여야 한다. 하나님은 여전히 말씀하신다. "사랑하는 자야! 지금까지 너에게 함께했던 놀라운 기적 같은 일들을 앞으로 너의 앞길에도 보여줄 것이다."라고 말이다. 하나님은 우리가 이 분명한 믿음의 표적으로 두려움이 아닌 믿음의 도전을 행하길 기다리고 계신다.

> 모세가 여호와께 아뢰되 오 주여 나는 본래 말을 잘 하지 못하는 자니이다 주께서 주의 종에게 명령하신 후에도 역시 그러하니 나는 입이 뻣뻣하고 혀가 둔한 자니이다 출 4:10

하나님의 두 번째 의도는 교만을 내려놓으라는 것이다. 하나님의 놀라운 기적을 보았음에도 모세는 자신의 능력을 핑계 삼아 또다시 하나님의 사명을 감당할 수 없다고 하나님께 아뢰고 있다. 자신의 무능함을 하나님께 고백한다. "나는 입이 뻣뻣하고 혀가 둔한 자니이다"라고 말이다. 말의 능력이 없다는 것이다. 그러니 바로를 설득할 수도 없다고 하나님께 읍소한다. 이때 하나님이 모세에게 말씀하신다.

"모세야! 이 일을 너의 능력으로만 할 수 있다고 생각하지 마라! 누가 사람의 입을 지었고, 누가 보게 하고, 누가 보지 못하게 하는 줄 아느냐?"

> [11]여호와께서 그에게 이르시되 누가 사람의 입을 지었느냐 누가 말 못하는 자나 못 듣는 자나 눈 밝은 자나 맹인이 되게 하였느냐 나 여호와가 아니냐 [12]이제 가라 내가 네 입과 함께 있어서 할 말을 가르치리라 출 4:11~12

하나님은 스스로 계신 분이다. 하나님으로부터 지어진 사람이 어찌 스스로 계신 분의 일을 자신의 능력으로 할 수 있다고 착각하는가! 그것이야말로 바로 교만이라는 질책의 말씀이다. 하나님의 일을 하는 사람은 그 일을 자신의 능력으로 할 수 있다는 교만한 착각을 내려놔야 한다는 책망의 말씀이다. 그러면서 하나님은 분명히 약속하셨다. 모세가 말해야 할 것을 하나님이 친히 가르쳐 주실 것이라고 말이다.

그렇다. 우리가 하나님의 사명을 감당할 때 우리의 능력으로는 아무것도 할 수 없다. 오직 하나님이 힘주실 때 그 힘으로 주신 사명을 끝까지 감당할 수 있다. 착각하지 말아야 한다. 내가 찬양을 잘하는 능력이 있어 성가대를 하는 것이 아니라 하나님이 재능과 은사를 주셨기에 성가대에 설 수 있다. 자신의 능력만 믿고 과시하면 금방 시험에 빠져 넘어진다. 마찬가지로 내가 잘 가르쳐서 교사를 하는 것이 아니다. 내가 유능해서 장로나 선교회장을 하는 것도 물론 아니다. 내가 가진 물질이 많아서 봉사하는 것 역시 아니다. 다 하나님이 능력을 주셨기에 감당할 수 있는 것임을 잊지 말아야 한다.

> [14]여호와께서 모세를 향하여 노하여 이르시되 레위 사람 네 형 아론이 있지 아니하냐 그가 말 잘하는 것을 내가 아노라 그가 너를 만나러 나오나니 그가 너를 볼 때에 그의 마음에 기쁨이 있을 것이라 [15]너는 그에게 말하고 그의 입에 할 말을 주라 내가 네 입과 그의 입에 함께 있어서 너희들이 행할 일을 가르치리라 출 4:14~15

마지막 의도는 예비하시는 하나님을 알게 하는 것이다. 당시 애굽이라는 나라와 바로 왕의 권력이 얼마나 큰지는 이미 모세 자신이 40년간 애굽 궁궐에 살았기에 누구보다 잘 알고 있었다. 그러니 자신의 능력으로 애굽 왕 바로를 꺾는다는 것은 도저히 불가능하다는 사실 또한 인지했다. 그 때문에 모세는 하나님의 사명을 도저히 감당할 수 없음을 여러 번 말씀드렸다. 그럴 때마다 하나님은 모세에게 표적을 보여주시며 함께하신다고 힘을 주셨다. 그런데도 여전히 자신의 말하는 능력을 문제 삼는 그에게 이번에는 모세의 형인 아론을 준비시켰다고 하신다.

"모세야! 너 대신 말 잘하는 네 형 아론이 모든 말을 할 것이다. 그러니 너는 형 아론에게 너의 뜻을 알려주어라. 그러면 너의 형이 그 모든 말을 대신할 것이다."

자신은 도저히 할 수 없다는 모세를 위해 하나님은 그의 말 잘하는 형 아론을 예비해 주셨다. 모세가 자신의 부족함 때문에 혹 염려할까 그것까지 미리 준비함으로 모세의 염려를 줄이신 약속의 의미였다.

하나님이 우리에게 주신 사명은 우리 자신의 능력으로 감당하는 것이 아니다. 그러나 우리가 믿음으로 도전하면 하나님은 필요한 모든 것을 준비하시고 예비하실 것이다. 즉 다가올 미래의 시간에 필요한 모든 것을 우리가 준비하는 것이 아니라 하나님이 친히 준비해 놓으신다는 의미이다. 그러니 예비하심이 있는 미래의 시간은 우리에게 희망이 되고, 소망의 시간이 될 것이다.

신앙은 현재라는 프레임에 갇혀 이 순간만 보는 것이 아니라 오히려 미래를 기다리는 것이다. 사명 또한 마찬가지다. 자신의 현재 상황만 놓고 본다면 그 사명은 결코 감당할 수 없다. 할 수 없는 이유가 너무나 많기 때문이다. 그러나 현실을 뛰어넘어 하나님이 예비하실 미래를 믿음으로 바라본다면 그 어떤 사명도 모두 감당할 수 있게 된다. 바른 신앙은 어떻게든 내 힘으로 꾸역꾸역해보겠다고 끙끙거리며 버티는 것이 결코 아니다. 나의 한계를 처절하게 절감하며 인정하고, 하나님을 믿고 의지하면서 미래를 향해 도전하며 나아가는 것이다. 바로 그때 올바른 신앙의 힘으로 굳건히 달려 나갈 수 있다.

　우리도 모세처럼 자신에게 주어진 직분과 사명을 감당할 때면 찾아오는 현실의 벽 앞에서 쉽게 무너질 때가 있다. 그때마다 내가 어떻게 할 수 있겠냐는 불평의 질문을 하나님께 던지곤 한다. 그러나 모세의 질문에 대답하셨던 하나님은 지금 이 순간도 우리에게 말씀하신다. 우리와 함께하시며 힘주시겠다고 약속하신다. 그 하나님의 음성을 마음에 새겨 그 힘의 능력으로 다시 일어서야 한다. 그 순간 우리도 모세처럼 크고 위대한 사명자로 설 수 있다.

사명보다 중요한 것

외출하기 전, 누구나 자신이 필요한 것들을 잘 챙겼는지 한 번쯤은 점검하게 된다. 가끔 먼 곳의 일정이 생길 때면 더 많은 것을 준비하기도 한다. 만약 아주 중요한 일정이라면, 예를 들어 전쟁을 앞둔 상황이라면 더욱 꼼꼼하게 필요한 것을 점검할 것이다.

성경에서도 중요한 것을 점검해 그것을 신속히 처리하는 모습을 소개하고 있다. 바로 하나님이 미디안 광야에서 양을 치던 모세에게 애굽에 있는 히브리 백성을 구원하라는 사명을 주신 장면이다.

모세는 수차례에 자신의 무능함을 이유로 하나님의 사명을 거절했으나 결국 반드시 자신이 감당해야만 하는 사명임을 깨닫게 된다. 그러자 40년 동안 살았던 미디안 광야를 떠나서 생명의 위협이 올지도 모르는 애굽으로 향하는 결단의 장면을 성경은 기록한다. 미디안을 떠나 애굽으로 향하는 이 길이 혹여 자신의 생명을 놓고 보자면 마지막이 될지도 모르는 위험한 길이었다. 하지만 모세는 하나님의 사명을 감당하기 위해 애굽을 향해 떠났다.

오늘 우리가 그의 여정을 보며 함께 점검해 볼 여러 사항이 있다. 과연 모세가 사명을 위해 점검한 중요한 요소는 무엇이었는지, 더불어 그가 가장 중요하게 여긴 것은 무엇이었는지를 깨닫는 것이다. 그럴 수만 있다면 우리의 신앙에서도 놓치기 쉬운 실수를 줄이며, 하나님의 사명을 더욱 효과적으로 그리고 능력있게 감당하게 될 것이라 확신한다.

그럼 먼저, 모세가 중요하게 여긴 것은 무엇이었을까?

첫째는 사람의 도리였다. 모세는 하나님의 소명을 감당하기 위해 애굽으로 떠날 결심을 한 후 중요하게 여기는 것들을 하나씩 점검한다. 그중 제일 먼저 한 행동은 바로 40년 동안 자신을 돌봐 주고 은혜를 베풀어 준 장인 이드로를 찾아간 것이었다. 모세는 자신이 애굽으로 돌아가야 한다고 말하며 장인의 허락을 구했다.

> 모세가 그의 장인 이드로에게로 돌아가서 그에게 이르되 내가 애굽에 있는 내 형제들에게로 돌아가서 그들이 아직 살아 있는지 알아보려 하오니 나로 가게 하소서 이드로가 모세에게 평안히 가라 하니라 출 4:18

여기서 우리는 인간적인 도리를 다하는 모세의 모습을 발견한다. 이런 모세의 태도는 오늘날 우리의 신앙에도 귀감이 된다. 우리는 신앙생활에서 하나님에 대한 도리는 어떻게든 최선을 다해 행하려고 하지만, 사람 간의 도리는 소홀히 하는 경우가 많다. 그런 우리에게 모세의 모습은 큰 울림을 준다. 직접 하나님의 음성을 들었고 하나님의 사자를 대면한 모세지만, 그 위대한 모세도 하나님의 큰일을 감당하기에 앞서 사람과의 도리를 먼저 점검하며 중요하게 여겼다. 모세는 하나님의 일이 귀하고 중요한 만큼 그 일에 한치도 누가 되지 않도록 사람에 대한 도리 역시 다해야 함을 중요한 우선순위에 놓은 것이다. 하나님의 일이 귀하고 소중한 만큼 그리고 자신의 행동으로 인해 하나님의 일에 누가 되지 않으려면 사람에 대한 도리도 바르게 해야 한다는 사실을 알려주고 있다.

더 구체적으로는 인간적인 도리를 다하는 것이 하나님이 원하시는 신앙의 방향이자 곧 하나님의 뜻이다. 우리 중 하나님을 직접 본 사람은 단 한 명도 없다. 그러나 하나님을 볼 수 있는 유일한 방법이 있으니 바로 성경 말씀을 통해 하나님을 만나고 아는 것이다.

성경은 하나님의 말씀을 함축하고 있는데 크게 두 가지 축으로 이뤄진다. 하나는 하나님과 바른 관계를 맺어야 한다는 것이고, 다른 하나는 사람과의 관계를 잘해야 한다는 것이다. 즉 성경이 말하고자 하는 내용의 틀은 크게 두 가지로 하나님과의 관계와 사람과의 관계에 관한 내용이다. 십계명에서도 첫 번째 계명에서부터 네 번째 계명은 하나님과의 관계를 나타내고, 다섯 번째 계명에서 마지막 열 번째 계명은 사람과의 관계를 말한다. 성경이 이렇게 두 가지의 관계를 동일선상에 놓고 강조하는 이유는 이 두 가지 내용이 잘 조화를 이뤄야만 신앙생활 역시 잘할 수 있기 때문이다. 마치 자동차의 바퀴가 양쪽 모두 균형이 맞아야 잘 달릴 수 있는 것과 같은 이치다. 간혹 하나님과의 관계는 잘 되는데 사람과의 관계가 잘 안된다면 그 신앙은 건강한 신앙이 될 수 없다. 반대로 사람과의 관계는 좋은데 하나님과의 관계가 나쁘다면 이 또한 바른 신앙이 아니다.

그렇다. 올바른 신앙의 삶이란 하나님과의 관계는 물론 사람과의 관계에서도 균형을 이루는 것이다. 모세는 직접 하나님의 음성을 들었고 이제 받은 사명을 행하려고 한다. 사람이 어떤 일을 진행하려 할 때 가장 먼저 찾고 행한다는 것은 그만큼 중요한 가치가 있다고 인정할 때 이뤄진다. 그래서 모세는 하나님의 사명을 위해 애굽으로 갈 준비를 하기에도 모자라는 시간에 인간적인 도리를 다하려고 가장 먼저 장인 이드로를 찾아가 허락을 구한 것이다. 그가 하나님과의 관계와 그분에 대한 도리만큼 사람과의 도리와 그에 맞는 삶을 중요하게 여겼다는 사실을 알 수 있다.

지금 우리의 모습은 어떤가? 믿음으로 하나님에 대한 도리를 다하고 있는가? 잘하고 있다면 칭찬받아 마땅하다. 그렇다면 사람에 대한 도리는 어떤가? 부모에 대한 도리, 아내나 남편에 대한 도리, 자녀에 대한 도리, 친구와 동료, 이웃에 대한 도리 그리고 성도에 대한 도리 말이다. 우리가 인간적인 도리를 다할 때, 하나님도 기뻐하시고 세상에서도 빛과 소금이 될 수 있다.

> 모세가 그의 아내와 아들들을 나귀에 태우고 애굽으로 돌아가는데 모세가 하나님의 지팡이를 손에 잡았더라 출 4:20

두 번째로 모세는 권능을 중요하게 여겼다. 사람에 대한 도리를 중요시한 모세는 장인의 허락이 있은 후에야 아내와 아이들을 나귀에 태우고 애굽으로 향했다. 그런데 그때 모세는 손에 어떤 것도 들지 않았고, 오직 하나님의 지팡이만을 잡았다고 성경은 기록하고 있다.

여기서 하나님의 지팡이는 모세가 던지자 곧장 뱀이 됐던 그 지팡이로, 하나님의 절대적인 권능을 상징한다. 따라서 모세가 하나님의 지팡이를 잡고 애굽으로 향했다는 것은 그가 하나님의 권능을 힘입어 애굽으로 갔다는 의미이다. 모세는 이처럼 하나님의 권능을 힘입었기에 애굽에서 많은 이적을 행하고 이스라엘 백성을 무사히 애굽에서 인도해 낼 수 있었다. 모세는 자신이 애굽에서 공주의 아들로 40년 동안 성장하면서 배웠던 탁월한 학문이나 무술 능력을 갖췄기에 이스라엘 백성을 구원해냈던 것이 아니다. 오직 하나님이 주시는 그분의 권능이 이스라엘 백성을 억압에서 구원한 힘의 원천이었다.

이 사실은 우리 신앙의 삶에서도 똑같이 적용된다. 하나님의 백성이 하나님의 일을 감당하기 위해서는 우선 하나님의 권능을 입어야만 한다. 자신의 탁월한 학문적 배경이나 재능이 먼저가 아니라는 사실이다. 하나님이 공급하시는 그분의 능력만이 하나님의 일을 가능케 한다.

사람이 자신이 가진 실력이나 자신의 능력으로만 하나님의 일을 하려고 하면, 자신의 실력이나 능력 그 이상은 할 수가 없다. 우리는 이것을 인간의 한계 상황이라고 부른다. 사람은 자신의 한계 상황을 자신의 힘만으로는 절대 뛰어넘을 수가 없다. 인간적인 능력으로 처음에는 호기롭게 도전하지만 이내 넘어지거나 포기하고 만다. 세상의 환경과 힘이 너무나 커서 우리를 압도하기 때문이다. 그래서 포기와 넘어지는 경험이 많아질수록 믿음의 용기는 줄어들고 좌절은 깊어져 시험에 빠져들고 마는 것이다. 인간의 능력은 결코 위대하거나 강하지 않다. 오히려 인간은 너무나 쉽게 넘어지는 연약한 존재이다.

모세는 이 사실을 너무나 잘 알고 있었다. 그렇기에 더는 자신의 능력을 의지하지 않고, 오직 하나님의 능력으로 자신의 사명을 감당하기로 작정한다. 그 결연한 다짐으로 모세는 하나님의 지팡이를 굳게 잡고 애굽으로 출발했다. 이때 모세의 손에 들린 지팡이는 그가 양을 칠 때 사용한 것으로 처음부터 그의 것이었다. 그런데 이상하게도 성경은 이 지팡이를 모세의 것이 아닌 하나님의 지팡이라고 말하고 있다.

> 모세가 그의 아내와 아들들을 나귀에 태우고 애굽으로 돌아가는데 모세가

> 하나님의 지팡이를 손에 잡았더라 출 4:20

이는 지팡이가 과거에는 모세의 소유였으나 이제는 하나님의 소유가 됐음을 명시적으로 보여준다. 따라서 이 지팡이는 더는 양을 칠 때 사용하던 평범한 목자의 지팡이가 아니다. 하나님의 권능이 담긴 하나님 소유의 능력 있는 지팡이가 된 것이다.

이제 하나님의 지팡이를 들고 애굽으로 가는 모세는 더는 일개 양을 치는 목자의 신분이 아니었다. 하나님의 권능을 갖고 그분의 권위를 대신하며 능력을 행하는, 하나님의 대리인이었다. 지팡이가 아니라 하나님의 권능을 손에 잡고 애굽으로 향하는 모세에게 하나님은 분명히 말씀하신다. "너에게 큰 이적을 행하는 능력을 주겠다."라고 말이다.

> 여호와께서 모세에게 이르시되 네가 애굽으로 돌아가거든 내가 네 손에 준 이적을 바로 앞에서 다 행하라 출 4:21

이적이란 기이한 행적을 의미하며, 기이하다는 말은 이상하다는 의미가 있다. 즉 이적은 한계를 가진 인간의 상상력을 넘어선 하나님의 놀라운 역사를 보여주신다는 뜻이다. 실제로 애굽에서 하나님은 모세를 통해 바로 왕을 꺾기 위한 열 가지의 기이한 이적들을 나타내셨다. 이 당시 애굽은 다신교 즉 여러 우상을 섬기는 나라였다. 그러나 하나님의 권능으로 우상들은 무의미한 존재임을 열 가지의 기이한 이적을 통해 보여주신 것이다.

그렇다. 오직 하나님의 권능만이 최고의 능력이다. 결국 모세가 붙든 하나님의 지팡이는 인간의 한계를 뛰어넘어 수많은 기적을 행할 수 있는 하나님의 능력이 된 것이다. 그래서 모세는 자신이 사명을 감당할 때 가장 중요한 것으로 하나님의 지팡이를 손에 붙들었다. 이 지팡이가 곧 하나님의 권능을 나타내기에 너무나도 소중하게 여긴 것이다.

지금 우리는 무엇을 소중히 여기며 손에 붙들고 있는가? 여전히 우리가 가진 실력이나 능력을 의지하고 있진 않은가? 만약 다른 것들을 의지하고 있다면, 인간의 한계를 뛰어넘는 하나님의 권능을 최우선으로 소중히 여겨야 할 것이다. 우리가 어떤 환경과 상황에 맞닥뜨리더라도 감당할 만한 능력을 주시는 하나님의 방법 말이다.

> 모세가 길을 가다가 숙소에 있을 때에 여호와께서 그를 만나사 그를 죽이려 하신지라 출 4:24

세 번째로 모세는 말씀 앞에서 자신의 잘못을 인정하는 것을 중요하게 여겼다.

이제 모세는 가족을 데리고 손에는 하나님의 지팡이를 잡은 채 애굽으로 떠나게 된다. 모세를 부르신 하나님의 콜링^{calling}에 여러 번 거절한 그였지만, 늘 변함없이 가까이 오셔서 새로운 결단의 마음을 주신 하나님의 음성을 듣고 이제는 두려움 없이 그분의 권능을 의지해 떠난 것이다. 그런데 가는 도중 잠깐 쉬게 된 곳에서 전혀 예상치 못한 놀라운 일을 만나게 된다. 다름 아니라 하나님이 찾아오셔서 모세를 죽이려고 하신 것이다.

너무도 갑작스러운, 전혀 예상치 못한 일이었다. 모세를 부르셔서 애굽의 이스라엘 백성을 구원하라고 할 때는 언제고 이제 와서 사명을 위해 애굽으로 가는 모세를 찾아와 그를 죽이려고 한단 말인가! 누가 보더라도 참으로 이해할 수 없고 어이없는 상황이다.

하나님의 이 행동은 다시 생각해봐도 여전히 납득하기가 어렵다. 하나님은 정말 우리가 생각하고 판단한 대로 어이없고 황당한 분일까? 대체 하나님은 모세에게 왜 이렇게 하셨던 걸까? 과연 그 이유는 무엇일까? 그렇다. 이유는 따로 있었다. 바로 모세가 하나님의 사명을 감당하기 위해 믿음으로 출발했지만, 모세 자신이 하나님의 명령을 거역하고 있다는 사실을 지적하기 위한 하나님의 사인^{sign}이었다. 유대인은 하나님의 약속된 백성으로 이방인과의 구별을 위해 태어난 지 8일 만에 행하는 할례 의식이 있다. 그런데도 하나님의 사명자인 모세 본인이 정작 자신의 둘째 아들에게는 이 할례를 행하지 않은 것이다. 이 일을 통해 비록 하나님이 택하신 자라 할지라도 하나님의 말씀대로 서지 않으면 징계받는다는 사실을 알려준다.

몇몇 성도는 하나님을 믿으면 복만 받는다고 생각한다. 그러나 이것은 매우 그릇된 생각이다. 하나님은 자신의 백성이 잘못을 범하고도 회개하지 않으면 응분의 징계를 하는 분이다. 공의의 하나님임을 반드시 기억해야 한다. 왜 우리를 징계하실까? 그것은 우리를 더 사랑하시기 때문이다. 부모가 자녀를 사랑하기에 잘못을 하면 매를 들듯이 하나님 역시 그분의 백성을 너무도 사랑하기에 잘못에 대해서는 분명히 징계하신다.

하나님의 백성인 우리도 하나님께 복만 구할 것이 아니라 항상 자신의 신앙생활을 돌아보고 믿음을 점검해 잘못된 길이 아닌 믿음의 길로 바르게 가야 한다. 간혹 자신도 모르는 사이 잘못을 저지를 수도 있다. 그럴 때 바로 자신의 잘못을 인정하고 빨리 하나님께로 돌아가야 한다.

> [25]십보라가 돌칼을 가져다가 그의 아들의 포피를 베어 그의 발에 갖다 대며 이르되 당신은 참으로 내게 피 남편이로다 하니 [26]여호와께서 그를 놓아 주시니라 그 때에 십보라가 피 남편이라 함은 할례 때문이었더라
>
> 출 4:25~26

남편의 목숨이 위태로움을 깨달은 모세의 아내 십보라는 그 즉시 빠른 동작으로 자신들의 잘못을 인정하고 하나님이 원하시는 할례 의식을 아들에게 행했다. 결국 하나님은 하나님의 말씀 앞에 잘못을 깨닫고 돌이킨 모세와 그의 아내의 모습을 보고 즉각 모세를 살려주셨다.

우리도 간혹 모세처럼 하나님이 주신 직분과 사명을 행하다 보면 하나님의 말씀을 귀히 여기지 않고 쉽게 잊어버릴 때가 있다. 그럴 때일수록 말씀 앞에서 자신의 잘못된 점을 인정하고 바로 돌이키는 믿음이 필요하다. 우리에겐 큰일을 감당하는 사명도 중요하지만 늘 말씀 앞에서 자신의 잘못된 모습을 바로 인정하는 믿음의 자세 역시 중요하다. 모세가 위대한 사명자로 설 수 있었던 이유는 자신에게 찾아온 위기 앞에서 하나님의 말씀을 놓친 잘못을 바로 깨닫고 믿음의 자세로 온전히 섰기에 가능했던 일이다.

사명을 행하기에 앞서 중요한 것들이 있다. 사람에 대한 도리에도 마음을 다하고, 나의 재능과 실력이 아닌 하나님의 권능을 최우선시하며, 무엇보다 말씀 앞에서 자신의 잘못을 인정하고 돌이키는 믿음의 자세가 필요하다. 하나님이 우리에게 사명보다 먼저 원하시는 것은 바로 이것이다. 우리가 이것을 진실로 행할 때 약속받은 승리를 얻을 수 있다.

모세 vs 바로

나무에 달린 열매가 제각각 다르듯 각 나라 사람들의 모습 또한 다르다. 한국인과 일본인과 미국인은 모두 다르다. 어느 날 서로 주행하던 길에서 자동차 사고가 났다고 치자. 그러면 서로 상대방이 잘못했다고 우긴다. 그런데 우연히 지나가던 사람이 유일한 목격자라면 그 사람은 과연 누구의 편을 들어줄까? 만약 목격자가 그 두 사람 다 모르는 사람이라면 부담 없이 본대로 증언할 것이다. 그런데 두 사람 중 한 사람이라도 안면이 있는 사람이라면 문제는 달라진다. 목격자가 한국 사람인 경우는 그 사고 원인의 사실 여부와 상관없이 아는 사람에게 유리하도록 증언한다. 한국인은 인정권人情圈에 강하기 때문이다. 그러면 목격자가 일본 사람인 경우는 어떻게 증언할까? 두 사람 중 약해 보이는 사람에게 유리한 증언을 한다. 일본인은 의리권義理圈에 강하기 때문이다. 그렇다면 미국 사람이라면 어떻게 증언할까? 그 두 사람 중 한 명이 비록 목격자의 부모라 할지라도 목격자는 본대로 정확하게 증언할 것이다. 미국인은 공공권公共圈에 강하기 때문이다.

같은 현상을 봐도 왜 이렇게 다른 행동을 할까? 사람은 혼자만의 삶을 사는 것이 아니기 때문이다. 서로 관계 속에서 그들 내면에 중요하게 여기는 인식이 자연스럽게 자리하기에 그렇다. 사람은 누구나 다른 사람과 관계를 맺고 살아간다.

그런데 이런 사람과의 관계에는 두 가지 특징이 있다. 하나는 처음에 좋았던 관계가 어떤 계기로 인해 깨지는 경우이고, 다른 하나는 함께하면 할수록 사이가 점점 더 깊어지는 관계이다. 무엇이 이처럼 다른 결과를 맺게 하는가? 그것은 전적으로 두 사람의 관계가 무엇으로 연결되었느냐에 달려있다. 관계는 그 관계를 끈끈하게 연결해 주는 무엇인가가 반드시 존재하기 마련이다. 그래서 그것에 따라 서로의 관계가 쉽게 멀어지거나 혹은 더 깊게 유지되기도 한다.

  그렇다면 이런 유동적으로 변하는 관계를 끝까지 좋은 관계로 유지시키는 요인은 뭘까? 그것은 다름 아닌 바로 두 사람 사이에 하나님이 계시는가, 계시지 않는가의 차이이다. 다시 말해 관계의 중심에 어떤 것을 최고의 기준으로 삼는지가 중요하게 작용한다는 뜻이기도 하다. 즉 두 사람 사이의 관계에서 각각 개인의 뜻보다는 하나님의 뜻을 가장 우선순위로 둬야 한다는 말이다. 모든 관계에서의 선택과 결정을 자기 뜻이 아닌 하나님의 뜻을 먼저 고려해 선택함이 옳다. 그렇지 않고 관계 속에서 하나님의 뜻보다 자신의 뜻과 생각을 더 중시하면 어느 때든지 꼭 문제가 발생하기 마련이다.

  사람은 누구나 처음에는 모든 것이 다 좋다가도 결정적인 순간에는 자신의 본성인 욕심, 질투, 이기심이 끼어들어 어떤 모양으로든지 관계를 변질시키고 만다. 흔히 보는 정계政界에서의 모습을 떠올리면 쉽게 이해가 된다. 처음에는 잘 연합하다가 어떤 결정적 순간에 자신의 욕심으로 모든 관계를 깨버리고 마는 것이다. 이런 모습은 성경에 나타난 예수님의 제자들에게서도 발견된다. 예수님의 제자들은 예수님을 만나기 전에는 각자의 삶을 살았지만, 예수님을 만나고 난 후 그분의 뜻을 좇아 예수님의 제자가 됐다. 자신의 모든 것을 버리고 예수님과 동고동락했다. 오로지 하나님의 뜻인 구원을 위해 합심하며 좋은 관계로 지낸 것이다. 그런데 어느 날부터인가 제자들 마음속에는 이전과는 다른 마음이 생기기 시작했다. '예수님께서 유대인의 왕이 되면 누가 높은 자리에 앉게 될까?'라는 생각이 가득 차자 서로에 대한 경계심이 생겨난 것이다. 그래서 이전의 좋았던 관계는 다 틀어졌고 제자들은 끝내 예수님마저도 부인하는 지경에 이르고 말았다.

이처럼 인간은 그 중심에 하나님의 뜻이 있을 때만 서로 좋은 관계를 유지할 수 있다. 하나님의 뜻을 마음에 두고 어떤 사물을 판단하는 관점과 하나님의 뜻을 중시하지 않은 채 사물을 평가하는 것은 너무나도 다른 결과를 초래하기에 그렇다.

성경도 마음속에 하나님이 있는 사람과 그렇지 않은 사람의 모습을 기록한다. 모세는 미디안 광야에서의 40년 생활을 정리한 후, 하나님이 주신 권능의 지팡이를 잡고 드디어 애굽의 바로 왕 앞에 서게 된다. 모세는 바로를 향해 하나님의 백성인 히브리인들을 놓아주라고 요청한다. 그러나 이런 모세의 요청을 들은 바로 왕은 절대로 히브리인들을 놓아줄 수 없다고 말하며 오히려 더욱 고된 노역을 지시한다. 성경은 모세와 바로 왕의 대화 내용을 기록하는데 이 대화 중에 특징적인 사실을 발견할 수 있다. 모세는 하나님의 뜻에 따른 이야기를 하지만, 바로는 자신의 뜻을 말하는 것이다. 즉 서로 다른 이야기를 하고 있다는 사실이다. 두 사람 모두 똑같은 주제로 얘기하지만, 각자가 말하는 내용 속에 너무도 다른 시각으로 현실을 바라보고 있음을 드러낸다.

그렇다면 지금 우리의 삶과 신앙의 모습은 과연 어떤가? 마음속에 하나님이 있는 모세의 모습인가 아니면 하나님이 없는 바로의 모습인가? 자신이 어떤 모습인지를 바로 깨달을 때 하나님이 진정으로 우리에게 원하시는 일을 이룰 수 있다.

> 그 후에 모세와 아론이 바로에게 가서 이르되 이스라엘의 하나님 여호와께서 이렇게 말씀하시기를 내 백성을 보내라 그러면 그들이 광야에서 내 앞에 절기를 지킬 것이니라 하셨나이다 출 5:1

모세가 바로에게 보인 모습은 너무도 당당했다. 얼마 전까지만 해도 그는 애굽의 왕인 바로 얘기만 나오면 무서워서 벌벌 떨던 사람이었다. 그런데 지금은 전과는 확연히 다른 모습으로 그것도 너무도 당당히 바로 왕 앞에 서서 자신의 민족을 놓아달라고 말한다.

 모세와 아론은 하나님으로부터 이스라엘 백성을 출애굽 시키라는 큰 사명을 받았고, 마침내 애굽 왕 바로 앞에 섰다. 그리고 그들은 너무도 당당하게 이스라엘 하나님 여호와의 이름으로 바로에게 요구하고 있다. 이스라엘 백성을 내보내라고 말이다. 그런데 여기서 주목할 부분이 있다. 지금 모세와 아론이 이스라엘 백성을 보내라고 요구하는 사람은 다름 아닌 바로 왕이다. 그가 누구인가? 그는 당시 근동지역의 패권국가였던 애굽의 절대 권력자였다. 그의 말 한마디면 사람의 목숨이 달아날 정도로 굉장한 권력을 소유한 자였다. 반면에 모세와 아론은 비천한 노예 민족 출신으로 감히 바로 왕을 대적해 싸울만한 아무런 힘도 능력도 없는 사람들이다. 그런데 어찌 이런 그들이 이토록 당당히 바로 왕 앞에 서서 자신의 민족을 놓아달라고 말할 수 있단 말인가?

 이유는 오직 한 가지이다. 모세가 하나님으로부터 이스라엘 백성을 애굽에서 구원하라는 사명을 받았기 때문이다. 물론 모세 자신은 본인의 모습과 능력을 너무도 잘 알았기에 하나님께 여러 번 그 사명을 감당할 수 없노라 반문했다. 하지만 그런 모세에게 하나님이 찾아오셔서 그의 질문에 친히 답하시고 여러 기적을 보이셨다. 모세로 하여금 자신의 두려움을 보지 말고 믿음의 눈으로 하나님의 능력에 초점을 맞추길 원하셨기 때문이다. 하나님의 설득과 보이신 능력으로 모세는 끝내 마음을 다잡았고, 결국 하나님을 향한 절대 신뢰의 사람으로 변화했다. 이처럼 모세의 내면에 가득 채워진 하나님의 능력은 모세가 그 거대한 애굽의 바로 왕을 향해 한치의 두려움도 없이 당당한 모습으로 하나님의 사명을 선포하게 만든다.

"내 백성을 보내라(출 5:1)"

모세는 바로 왕에게 엎드려 "왕이여! 우리 백성을 보내주세요."라고 사정하지 않았다. 무릎을 꿇어 빈 것도 아니다. 그저 하나님의 뜻이니 하나님의 명령형 어조로 선포했다. 얼마나 놀라운 변화인가! 모세가 이렇게 당당하게 명령할 수 있었던 이유는 다른 데 있지 않다. 오직 하나님이 자신에게 나타나셨고, 그 놀라운 하나님을 만났기 때문이다.

> 그들이 이르되 히브리인의 하나님이 우리에게 나타나셨은즉 출 5:3

여기서 "나타나셨다."라고 뜻하는 히브리어 '카라(קרא)'는 '나타나다.'라는 의미보다는 '선포하다.'의 뜻으로 보는 편이 더 적절하다. 눈으로 볼 수 있는 외형적 나타나심이 아닌 말씀으로 나타나시는 하나님을 의미한다. 모세에게 찾아오셔서 말씀으로 나타나신 하나님에 대한 확신은 그를 두려움에 떠는 모습에

승리를 약속하다

서 당당하게 선포하는 모습으로 변화시켰다. 모세가 이처럼 말씀으로 찾아오신 하나님을 만났을 때, 그분의 놀라운 능력이 모세를 변화시킨 것이다.

하나님을 직접 본 사람은 아무도 없지만, 우리는 여전히 하나님을 만난다고 고백한다. 바로 말씀으로 찾아오시는 하나님을 만나는 것이다. 하나님의 능력으로 변화된 모세는 이스라엘 백성이 출애굽 해야 하는 분명한 이유를 천명했고, 만약 애굽 왕이 이 명령에 순응하지 않는다면 하나님의 진노가 임할 것이라고도 선포했다. 전염병이나 칼로 치실지도 모른다고 말이다.

> 그들이 이르되 히브리인의 하나님이 우리에게 나타나셨은즉 우리가 광야로 사흘길쯤 가서 우리 하나님 여호와께 제사를 드리려 하오니 가도록 허락하소서 여호와께서 전염병이나 칼로 우리를 치실까 두려워하나이다
> 출 5:3

이런 모세의 모습이 우리에게 주는 교훈은 무엇인가? 만약 모세가 지금 우리의 신앙생활을 본다면 안타까워할지도 모른다. 신앙생활을 한 지가 오래됐다면 더욱 그럴지도. 우리 가운데 당당하지 못한 모습이 많이 보이기에 그렇다. 그러면 왜 우리는 당당하지 못한 모습으로 신앙생활을 하는지 한 번쯤 되돌아봐야 한다. 여러 이유가 있겠지만 주된 원인은 바로 하나님

에 대한 확신이 부족해서다. 하나님을 믿는다고 하면서 왜 하나님에 대한 확신은 없는 것인가? 그것은 자신 안에 하나님이 계신다는 분명함이 없기 때문이다. 그러니 우리 안에 하나님에 대한 확신이 있는지 먼저 점검해 보고, 만약 없다면 분명한 확신이 생기도록 더욱 하나님 앞에 나아가야 한다.

성경은 시편의 말씀을 통해 다윗의 확신을 여러 번 반복해서 보여 준다.

> ^{1}여호와는 나의 빛이요 나의 구원이시니 내가 누구를 두려워하리요 여호와는 내 생명의 능력이시니 내가 누구를 무서워하리요
> ^{3}군대가 나를 대적하여 진 칠지라도 내 마음이 두렵지 아니하며 전쟁이 일어나 나를 치려 할지라도 나는 여전히 태연하리로다 시 27:1, 3

> 여호와는 나의 힘과 나의 방패이시니 내 마음이 그를 의지하여 도움을 얻었도다 그러므로 내 마음이 크게 기뻐하며 내 노래로 그를 찬송하리로다 시 28:7

> 주께서 나의 슬픔이 변하여 내게 춤이 되게 하시며 나의 베옷을 벗기고 기쁨으로 띠 띠우셨나이다 시 30:11

혹여 지금 우리 중에 두려워 떠는 사람이 있다면 우리의 심

령 안에 조용히 찾아오시는 하나님의 말씀을 붙들어야 할 때다. 그분의 말씀을 받을 때 분명한 확신이 생기고 더 나아가 모세처럼 당당함도 생길 것이다. 어떠한 삶의 현실이 우리에게 펼쳐지더라도 하나님이 함께하신다는 믿음으로 모세처럼 당당해야 한다. 반드시 하나님이 도와주실 것이다.

자, 그렇다면 모세가 당당히 하나님의 뜻을 알리자 바로는 어떤 반응을 보였을까?

> 바로가 이르되 여호와가 누구이기에 내가 그의 목소리를 듣고 이스라엘을 보내겠느냐 나는 여호와를 알지 못하니 이스라엘을 보내지 아니하리라
>
> 출 5:2

그의 대답은 한마디로 no! 이스라엘 백성을 놓아줄 수 없다고 했다. 당시 애굽은 히브리 노예들이 모든 산업의 근간이 되는 경제 구조였기에 그들이 모두 빠져나간다고 하면 애굽의 기반 자체가 무너질 터였다. 그렇기에 바로는 "나는 너희들이 말하는 하나님을 알지도 못하므로 이스라엘 백성을 놓아줄 수 없다."라며 거절했다.

"여호와가 누구이기에!"라고 말하며 거역하는 바로 왕의 모습은 어쩌면 당연하다. 당시 세계 최고의 권력을 가졌던 바로가 자신들이 믿는 애굽의 신도 아니요, 한낱 노예의 신이 명하

는 말을 무시하며 조롱한 것은 당연한 처사였다. 이러한 상황에서 모세와 아론이 바로를 설득하는 것 자체가 불가능한 일이었다. 설득이라는 것은 서로의 입장이나 형편이 비슷할 때 가능한 것이기 때문이다.

그렇게 인간적인 방법으로는 바로를 설득하는 것이 불가능했지만, 후에 하나님이 그분의 능력으로 강제적으로 역사하셔서 그를 아예 굴복시켜 버린다. 애굽 땅에 열 가지의 재앙을 내리시는 방법으로 말이다. 제아무리 절대 권력자인 바로 왕이라 할지라도 하나님이 내리시는 이 재앙을 피할 길은 없었다. 우리는 이 일을 통해 하나님이 강퍅한 자를 강압적인 방법으로 대하심을 알게 된다.

하나님이 바로를 통해 우리에게 주시고자 한 교훈은 무엇일까? 지혜로운 자는 하나님이 강압적인 방법을 사용하시기 전에 미리 그분의 말씀에 순종해야 함을 깨달아야 한다는 것이다. 하나님의 강압적인 방법은 우리가 감당할 수 있는 수준이 아니다. 너무나도 무섭고 가혹하다. 그러니 지금 우리에게 하나님의 말씀이 임했다면, 그 말씀을 거역하는 것이 아니라 온전히 순종하는 믿음의 자세가 필요함을 빨리 깨달아야 한다.

그렇다면 하나님의 동일한 말씀 앞에서 모세와 바로가 전혀 다른 모습을 보인 이유는 무엇인가?

둘의 결정적인 차이는 다름 아닌 체험의 차이다. 모세는 하나님에 대해 분명한 체험을 했지만, 바로는 하나님에 대한 체험이라고는 전혀 없는 사람이다. 체험의 차이가 이렇게 다른 모습으로 나타나는 것이다.

체험은 다른 말로 분명한 확신과 당당함으로 표현할 수 있다. 사람은 한 번 체험하고 나면 그 체험한 것에 대해서 분명한 확신을 하게 된다는 뜻이다. 자신감이 생긴다는 말이다. 가령 어떤 식당에 한 번 가봤거나 어떤 제품을 한 번 사용한 적이 있는 사람은 그것에 대해 분명한 확신을 하게 된다. 사람과의 관계 또한 마찬가지이다. 어떤 사람과의 관계에서 서로 간의 체험이 있으면 그 사람에 대해 분명한 평가를 할 수 있게 된다.

요한복음 2장에는 가나의 혼인 잔치 이야기가 나온다. 즐겁고 풍성해야 할 혼인 잔칫집에 그만 문제가 생겼다. 포도주가 떨어져 버리고 만 것이다. 흥겹게 포도주를 마시며 서로 축하하는 분위기에서 갑자기 포도주가 떨어진다면 기분이 어떨까?

> 포도주가 떨어진지라 예수의 어머니가 예수에게 이르되 저들에게 포도주가 없다 하니 요 2:3

포도주를 충분히 준비했음에도 예상보다 더 많은 손님이 와서 포도주가 다 떨어져 버린 것이다. 그 당시 포도주가 떨어진 문제는 그 누구도 해결할 수 없었다. 지금에야 근처 마트에 가서 당장 사 오면 될 일지만, 그 당시 떨어진 포도주를 다시 만들기 위해선 아주 오랜 시간을 기다려야 했기 때문이다. 예나 지금이나 넘치는 것은 문제가 안 되지만 모자라는 것은 문제가 된다.

예수님의 어머니인 마리아는 이 모자람의 문제를 놓고 예수님께 해결해달라고 요청했다. 그녀는 아무도 해결할 수 없는 문제를 왜 예수님께 요청했을까?

그것은 마리아가 예수님에 관해 분명한 체험이 있었기 때문이다. 마리아는 성령으로 예수님을 잉태하고 출산했다. 예수님이 하나님의 아들임을 분명히 알고 있었다는 사실이다. 그래서 예수님이 인간은 차마 해결하지 못하는 그 어떤 어려운 문제도 해결할 수 있는 분임을 믿었다. 분명한 확신이 있었던 것이다. 그래서 마리아는 이 모자람의 문제를 해결하려고 예수님께 요청했다. 이 부탁에 예수님은 말씀으로 포도주를 만드시는 기적을 보이신다. 그렇게 만들어진 포도주는 지금까지 사람이 만든 것 이상의 좋은 포도주라고 기록됐다.

> 말하되 사람마다 먼저 좋은 포도주를 내고 취한 후에 낮은 것을 내거늘 그대는 지금까지 좋은 포도주를 두었도다 하니라 요 2:10

이처럼 체험은 분명한 확신을 하도록 만든다. 그렇다면 모세가 가진 확신은 무엇이었을까? 다른 무엇도 아닌 오직 하나님에 관한 확신이었다. 그래서 모세는 바로를 향해 흔들림 없이 당당하게 선포했다.

> 그 후에 모세와 아론이 바로에게 가서 이르되 이스라엘의 하나님 여호와께서 이렇게 말씀하시기를 내 백성을 보내라 그러면 그들이 광야에서 내 앞에 절기를 지킬 것이니라 하셨나이다 출 5:1

"하나님께서 분명히 말씀하신다. 하나님의 백성을 보내라!"
모세의 단호한 이 선언은 분명한 하나님에 대한 체험이 없었다면 불가능했을 것이다. 그렇지 않고서야 어찌 감히 아무런 힘과 능력도 없는 모세가 절대 권력자인 바로 왕 앞에 설 수 있으며, 그것도 모자라 하나님이 자신에게 나타나셨다고 분명히 말할 수 있었겠는가?

> 그들이 이르되 히브리인의 하나님이 우리에게 나타나셨은즉 출 5:3

반면에 바로 왕은 하나님이 누구냐 반문하며 자신은 전혀 여호와를 알지 못한다고 말한다.

> 바로가 이르되 여호와가 누구이기에 내가 그의 목소리를 듣고 이스라엘을

> 보내겠느냐 나는 여호와를 알지 못하니 이스라엘을 보내지 아니하리라
>
> 출 5:2

바로는 이렇게 하나님의 말씀을 거역했다. 똑같은 환경 속에서 두 사람의 모습은 극명하게 달랐다. 모세는 절망 같은 현실 속에서도 하나님에 대한 분명한 체험이 있었기에 당당하게 하나님의 뜻을 따르며 하나님의 말씀에 순응했다. 하지만 하나님에 대한 체험이 없던 바로 왕은 하나님의 뜻을 따를 수도 없었고, 하나님의 말씀에 순응할 수도 없었다.

이는 비단 모세와 바로에게만 해당하는 이야기가 아니다. 우리도 마찬가지다. 나는 지금 모세의 모습인가, 바로의 모습인가? 하나님에 대한 체험으로 순응하고 있는지 아니면 신앙생활을 한 지는 꽤 됐으나 여전히 체험 없는 국한된 신앙으로 사는지 돌아볼 일이다. 신앙의 가장 큰 능력은 영적 승리이다. 그리고 이것은 오직 하나님에 대한 체험으로만 이뤄진다.

모세가 하나님께 아뢰되

내가 누구이기에 바로에게 가며
이스라엘 자손을
애굽에서 인도하여 내리이까

하나님이 이르시되

내가 반드시 너와 함께 있으리라
네가 그 백성을 애굽에서 인도하여 낸 후에
너희가 이 산에서 하나님을 섬기리니
이것이 내가 너를 보낸 증거니라

_ 출 3:11~12

Chapter
2
승리가
시작되다

이미 계획된 승리

아프리카에서 선교 활동 중인 한 여자 선교사의 이야기다. 그녀는 풍토병으로 인해 심한 위장병이 생겨 잘 먹지도 못하고 몸이 약해지면서 점점 말라갔다. 너무 야위어서 몰골이 말이 아니었다. 설상가상으로 파송 교회의 사정이 어려워지는 바람에 선교비가 한 달 지연되기까지 했다. 결국 돈을 빌릴 곳이 없어 한 달 내내 보리죽만 먹으며 버텼다. 비참한 현실 앞에서 그녀가 할 수 있는 건 원망뿐이었다. 그렇게 한 달이 지나고 더는 견딜 수가 없어 병원에 입원했다. 그런데 의사가 그녀의 몸을 진찰하면서 말했다.

"선교사님. 그때 만일 본 교회에서 선교비를 잘 보내줬다면 선교사님은 벌써 죽었을 겁니다. 위장병을 심하게 앓은 흔적이 보이는데 지난 한 달 동안 보리죽만 드셔서 위장병이 다 나았네요!"

그때 선교사는 깨달았다. 선교비가 없었던 당시에는 하나님이 너무 원망스러웠지만 지나고 나니 오히려 선교비를 안 보내주신 것이 자신을 살린 하나님의 방법이었음을 말이다.

우리도 그렇다. 하나님을 믿는다고 하면서도 우리의 생각이나 지식으로는 알 수도 이해할 수도 없는 일을 겪을 때가 있다. 그럴 때마다 '하나님이 왜 이렇게 하실까?'라고 의문이 들 때가 많다.

성경에서도 이해하기 어려운 부분을 종종 만난다. 출애굽을 앞둔 이스라엘 백성에게 하나님께서 갑자기 던지신 말씀도 그랬다.

> [14]그들의 조상을 따라 집의 어른은 이러하니라 이스라엘의 장자 르우벤의 아들은 하녹과 발루와 헤스론과 갈미니 이들은 르우벤의 족장이요 [15]시므온의 아들들은 여무엘과 야민과 오핫과 야긴과 소할과 가나안 여인의 아들 사울이니 이들은 시므온의 가족이요 [16]레위의 아들들의 이름은 그들의 족보대로 이러하니 게르손과 고핫과 므라리요 레위의 나이는 백삼십칠 세였으며 [17]게르손의 아들들은 그들의 가족대로 립니와 시므이요 [18]고핫의 아들들은 아므람과 이스할과 헤브론과 웃시엘이요 고핫의 나이는 백삼십삼 세였으며 [19]므라리의 아들들은 마흘리와 무시니 이들은 그들의 족보대로 레위의 족장이요 [20]아므람은 그들의 아버지의 누이 요게벳을 아내로 맞이하였고 그는 아론과 모세를 낳았으며 아므람의 나이는 백삼십칠 세였으며 출 6:14~20

하나님은 이스라엘 백성의 출애굽을 통해 놀라운 섭리를 본격적으로 보여주시기 전, 갑자기 의아한 말씀을 하신다. 바로 모세와 아론의 혈통에 관한 것이다.

하지만 어쩌면 갑자기 끼어든 것처럼 보이는 두 사람의 혈통에 대한 기록은 결코 우연히 덧붙여지거나 돌발적으로 삽입된 것이 아니다. 이 기록을 통해 강조하는 사실이 있다. 이제부터 본격적으로 시작되는 이스라엘 백성의 출애굽은 하나님이 오래전 아브라함 때부터 미리 계획하신 언약이라는 사실이다. 더불어 무조건적인 하나님의 은혜로 이스라엘 민족은 해방됐으며, 출애굽이란 사건이 전설이 아니라 실제로 일어났던 역사적 사건이었음을 보여주기 위함도 있다.

여기서 한 가지 주목할만한 사실이 있는데 족보기록의 독특함이다. 모세와 아론은 야곱의 열두 아들 중 셋째아들인 레위의 후손이다. 두 사람의 혈통을 소개하고자 하면 레위지파의 혈통만 소개하면 그만이다. 아니면 이스라엘 열두 지파의 모든 혈통을 소개하는 게 당연할 터다. 그런데 성경은 야곱의 첫째 아들인 르우벤과 둘째인 시므온 그리고 셋째인 레위지파의 혈통만을 소개하고 있다.

그렇다면 왜 이렇게 세 지파의 족보만 기록했는지 의문이 든다. 이는 하나님의 뜻으로 모세와 아론이 위대한 이스라엘의 지도자가 되었음을 나타내기 위해서다. 모세와 아론이 자신의 뛰어난 능력으로 이스라엘 백성을 출애굽 시킨 것이 아니라 전적으로 하나님의 은혜였음을 의미하는 것이다.

출애굽기 5장에는 바로 왕의 횡포로 힘들어하는 이스라엘 백성과 하나님을 모른다고 하며 그들을 결코 놓아줄 수 없다고 완강히 버티는 바로 왕의 모습이 소개된다. 그리고 난 후 갑자기 출애굽 사건의 다음 진행을 보여주지 않고 이스라엘 족보를 소개한다. 특이하게도 이스라엘 열두 지파 족보를 다 기록하지 않으면서 말이다. 성경은 르우벤, 시므온, 레위지파를 언급하지만, 그들의 후손 중 오직 모세와 아론만을 소개하고 있다. 놀랍게도 르우벤, 시므온에 대한 소개도 모세와 아론을 소개하기 위한 징검다리 역할로만 사용했다. 족보는 서열상으로 기록되기에 족보만 놓고 보자면 장자인 르우벤과 차남인 시므온까지가 중요한 인물이다. 당시 사회의 통념상 부친의 권위는 곧 장자의 몫으로 여겼다. 그런데 레위는 열두 아들 중에서 셋째에 불과했다. 족보상 그다지 중요치 않다고 여기는 바로 그 세 번째 아들의 혈통에서 모세와 아론이 출생한 것이다. 더 의아한 사실은 모세와 아론이 레위의 여러 아들 중에서도 차남인 고핫의 후손에서 태어난 것이다.

이런 계보만 보더라도 모세와 아론이 이스라엘 민족을 구원하기 위해 하나님으로부터 선택받은 것은 참으로 뜻밖의 일이다. 결국 모세와 아론이 출애굽의 위대한 지도자가 된 것은 그들의 가문이 좋아서도, 그들 자신이 뛰어난 능력자여서도 아니다. 오직 하나님의 은혜였다.

하나님의 은혜는 오늘날 우리에게도 동일하게 부어진다. 지금 자신이 감당하는 직분 모두 내가 가진 인간적인 조건이나 능력이 좋아서가 아니다. 전적으로 하나님의 은혜인 것이다.

건강이나 사회적으로 높은 위치를 차지함도 마찬가지다. 삶의 모든 부분이 하나님의 은혜로 이뤄진 것뿐이다.

그렇다면 왜 하나님은 출애굽의 중요한 순간에 모세와 아론의 족보를 언급하셨을까? 이는 반드시 이루시는 하나님을 나타내기 위함이었다. 하나님은 그분이 말씀하신 약속을 분명히 이루는 신실하신 분이다. 이스라엘의 역사 중에서 아브라함 때에 하나님은 아브라함에게 말씀하시며 약속하셨다. 이스라엘 자손이 이방 나라에서 400년 동안 객이 되어 그들을 섬기다가 4대 만에 약속의 땅으로 돌아올 것이라고 말이다.

> 네 자손은 사대 만에 이 땅으로 돌아오리니 이는 아모리 족속의 죄악이 아직 가득 차지 아니함이니라 하시더니 창 15:16

성경에 기록된 모세와 아론의 족보를 보면, 하나님의 말씀과 정확히 일치함을 알게 된다. 모세와 아론의 부친은 아므람이고, 조부는 고핫이며, 증조부는 레위이다. 즉 레위, 고핫, 아므람에 거쳐 모세로 혈통이 이어진다. 모세가 바로 하나님이 말씀하셨던 이스라엘 가문의 4대째 인물인 것이다. 결국 모세와 아론을 통한 이스라엘의 출애굽이 하나님의 약속에 따른 것임을 입증한다.

더욱 놀라운 것은 이스라엘 백성의 출애굽 사건은 야곱 가문이 애굽으로 이주한 뒤 무려 400년 이후에나 이루어졌다는 사실이다. 이처럼 하나님의 말씀은 일점일획도 틀리지 않고 모두 다 반드시 이뤄진다. 하나님은 그렇게 신실하신 분이다.

이스라엘 역사에 중요한 인물 가운데는 야곱을 꼽을 수 있다. 야곱의 열두 아들을 통해 이스라엘의 열두 지파가 생겼고, 후에 국가 출발의 배경이 되기도 했다. 이스라엘 백성이 애굽에 정착하게 된 배경에는 요셉이 자리한다. 야곱의 열두 아들 중 열한 번째인 요셉은 아버지의 사랑을 독차지했다. 그래서 다른 형제들의 미움과 시기의 대상이었다. 그런데 어느 날 요셉이 두 가지의 꿈을 꾼다. 하나는 들에 있는 곡식의 볏단들이 자신에게 절하는 꿈이었고, 다른 하나는 해와 달과 별이 자신에게 절하는 꿈이었다.

> [7]우리가 밭에서 곡식 단을 묶더니 내 단은 일어서고 당신들의 단은 내 단을 둘러서서 절하더이다
>
> [9]요셉이 다시 꿈을 꾸고 그의 형들에게 말하여 이르되 내가 또 꿈을 꾼즉 해와 달과 열한 별이 내게 절하더이다 하니라
>
> [11]그의 형들은 시기하되 그의 아버지는 그 말을 간직해 두었더라 창 37:7,9,11

요셉의 꿈을 들은 형제들은 요셉을 시기했으나, 이 말을 '아버지는 마음에 두었다.'라고 기록하고 있다. 결국 이 일로 인해

형제들은 요셉을 죽이려고 했고, 끝내는 그를 애굽의 노예로 팔아버리고 만다. 하지만 성경은 이 일이 그저 형제들의 질투로 인해 생긴 것이 아닌 '이끌려 애굽에 보내진 것'이라고 기록한다. 하나님의 계획하심 속에 벌어진 일이라는 뜻이다.

> [1] 요셉이 이끌려 애굽에 내려가매 바로의 신하 친위대장 애굽 사람 보디발이 그를 그리로 데려간 이스마엘 사람의 손에서 요셉을 사니라
> [3] 그의 주인이 여호와께서 그와 함께 하심을 보며 또 여호와께서 그의 범사에 형통하게 하심을 보았더라 창 39:1,3

요셉의 처지는 사랑받던 존귀한 아들에서 처절한 노예의 삶으로 하루아침에 전락했다. 그가 처한 현실이 완전히 바뀌었어도 하나님을 향한 요셉의 믿음은 그대로였다. 요셉은 여전히 하나님을 붙들었고 실족하지 않았다. 이런 요셉의 모습을 보신 하나님은 그를 하나님의 방법으로 인도하셨는데, 성경은 이것을 형통이라는 단어로 표현한다.

그렇게 하나님의 계획하심 속에서 애굽으로 먼저 보내진 요셉은 애굽의 총리대신이 되어 모든 권력을 얻는다. 애굽으로 팔려 온 요셉은 처음에 보디발이라는 군대 장관의 집에서 노예 생활을 했다. 그곳에서 한 집안의 작은 정치와 인간관계 그리고 돈 관리 방법을 배웠다. 그러던 중 요셉은 보디발의 아내

로 인해 억울한 누명을 입고 감옥에 갔다. 그 감옥은 왕의 신하들이 갇혀 있는 곳으로 요셉은 그곳에서 정치적인 지식을 얻는다. 만약 요셉이 하루아침에 애굽의 정치가로 세워졌다면, 그는 절대로 애굽을 잘 통치하지 못했을 터다. 하나님은 이렇듯 요셉에게 여러 고난을 겪게 하셨고, 그것을 통해 많은 것을 보고 배우게 만드셨다. 애굽의 작은 정치에서부터 사람과 왕의 정치에 이르기까지 모두 배우게 하심으로 결국 요셉을 애굽의 훌륭한 정치가로 세우신 것이다.

요셉의 사건에서 무엇보다 중요한 것은 하나님은 말씀대로 약속을 이루신다는 사실이다. 하나님은 이스라엘을 구원하시려고 요셉을 먼저 보내신 것이다.

> 당신들이 나를 이곳에 팔았다고 해서 근심하지 마소서 한탄하지 마소서 하나님이 생명을 구원하시려고 나를 당신들보다 먼저 보내셨나이다
> 창 45:5

우리의 삶 가운데도 "왜?"라는 단어가 닥쳐올 때가 있다. 이해할 수 없는 일을 겪을 때 그렇다. 하지만 걱정할 필요 없다. 모든 것은 하나님이 그분의 뜻을 이루시기 위한 과정임을 믿고 순종하며 받아들이면 된다.

하나님이 모세와 아론의 족보를 말씀하신 또 다른 이유는 모

두가 중요하다는 의미를 전달하기 위해서였다. 족보소개 가운데 하나의 특징을 발견하게 되는데, 모세와 아론을 소개할 때 모세와 아론이라고 표현한 구절이 있기도 하고, 또 둘의 위치를 바꿔 아론과 모세라고도 기록한 사실이다.

> ²⁶이스라엘 자손을 그들의 군대대로 애굽 땅에서 인도하라 하신 여호와의 명령을 받은 자는 이 아론과 모세요 ²⁷애굽 왕 바로에게 이스라엘 자손을 애굽에서 내보내라 말한 사람도 이 모세와 아론이었더라 출 6:26-27

왜 26절과 27절에 모세와 아론의 이름을 교차하면서 적었을까? 26절에는 아론과 모세로 기록하고, 27절에는 모세와 아론이라고 소개하고 있다. 이유는 명료하다. 모세와 아론은 누가 더 중요하다고 말할 수 없을 정도로 둘 다 똑같이 중요한 사람임을 강조하기 위해서다. 이 당시 여러 사람의 이름을 지명할 때, 나이가 많거나 신분이 높은 사람부터 기록하는 것이 통상적 관례였다. 그래서 만약 바로 왕 앞에서 하나님의 명령을 전달할 때나 하나님의 명령을 받을 때, 두 번 다 동일하게 모세나 아론 중 누구 하나를 계속 앞에 기록했다면 두 사람 사이에는 경중의 차이가 생긴다. 앞에서 언급된 사람이 뒤에 기록된 사람보다 높은 위치에 있음을 인정해버리는 격이다. 그러나 하나님의 사명 앞에서는 높고 낮음의 차이가 있을 수 없다. 그렇기에 아론과 모세가 사명 앞에서 모두 다 중요하다는 것을 나타내려고 이름을 교차해서 기록하고 있다.

  물론 출애굽이란 역사적인 사건에서 모세가 큰 역할을 했음은 부인할 수 없는 사실이다. 그런데 이런 모세도 아론의 도움이 없었다면, 출애굽은 원활하게 이뤄지지 않았을 것이다. 출애굽은 모세 한 사람만의 노력으로 이뤄진 결과가 아니다. 모세와 아론이 서로 힘을 합했고, 여기에 하나님의 함께하시는 역사가 있었기에 가능했다. 그래서 하나님은 모세와 아론 둘 중 어느 한 사람이 더 중요하다고 하지 않고 둘 다 중요하다고 하신 것이다.

  우리는 종종 하나님의 일을 할 때 우를 범하곤 한다. 어느 특정 직분이 더 높다고 생각하거나 더 중요하다고 판단하는 것이다. 신체를 예로 들어보자. 몸의 어느 특정 부위가 다른 부분보다 더 중요한가? 결코 아니다. 신체의 모든 부분이 각기 다 중요하다. 사명도 마찬가지다. 자신의 사명만 더 높고 중요하지 않다. 하나님이 주신 모든 사명이 귀하다. 이런 인식으로 서로의 사명과 직분을 존중해야 한다. 하나님은 우리가 하는 일이나 맡은 직분보다 우리 각자가 어떤 사람인지를 주목하신다. 그분은 사람의 내면과 본질을 꿰뚫어 보는 분이다. 그런 하나님이 우리 모두를 각각 소중하게 여기신다. 얼마나 감사한 일인가!

삼국지의 주인공으로 중국 삼국시대 촉한의 정치가 겸 전략가인 제갈공명諸葛亮은 최고의 모사가로 널리 알려져 있다. 그는 항상 주머니가 있는 옷을 입고 다녔는데 일이 잘될 때는 주머니에 흰색 돌을 넣고, 일이 잘 안될 때는 검은색 돌을 넣었다. 그는 일을 마치고 집으로 돌아가 항상 주머니에 있는 돌의 개수를 세어봤다. 일이 잘된 것이 많은지 안 된 것이 많은지 비교했는데 늘 잘되지 않은 것의 수가 훨씬 많았다. 제갈공명이 누구인가? 만인이 인정하는 총명하며 지혜롭기로 유명한 모사가다. 그런 그도 인생을 살아가면서 잘된 일보다는 그렇지 않은 일이 더 많았다는 사실이다.

하물며 보통 사람인 우리는 말해 뭐하겠는가? 삶은 좀처럼 우리 생각대로 쉽게 흘러가지 않는다. 하지만 어려운 인생살이 가운데 위로가 되는 것은 하나님이 우리와 함께하신다는 사실이다. 이를 확실히 믿을 때, 하나님은 우리가 꿈꿔보지도 못할 일을 이뤄주실 것이다.

우리는 일이 잘되지 않을 때 왜 이렇게 될까 하며 회의에 빠지기도 하고, 이해하기를 거부할 때가 있다. 그러나 하나님은 우리의 계산으로 판단하는 이해의 대상이 아니다. 오직 말씀을 붙들고 나아가야 하는 믿음의 대상이다. 지금 이 순간에도 하나님은 말씀하신다. "네 믿음대로 된다!"라고 말이다. 그러나 믿음을 방해하는 존재가 있다. 사탄이다. 사탄은 갖은 전략으로 우리를 넘어뜨리려고 한다. 가정과 교회를 허물기 위해 사람 사이에 불신의 씨앗을 던져 미혹한다. 그러나 우리는 믿음의 방패를 가지고 이를 물리쳐야 한다. 오직 하나님의 능력과 계획하심을 더욱 굳건히 믿자. 답은 오직 믿음뿐이다. 그것 하나면 충분하다.

하나님의 끊임없는 관심

많은 사람이 관심이란 단어를 좋아한다. 관심을 통해 상대방과 친밀감을 쌓고 좋은 관계를 만들 수 있기 때문이다. 서로에게 관심이 생기면 사소한 부분까지도 교감하면서 금세 가까워지게 된다. 관계 형성의 출발은 관심으로부터 시작된다고 해도 과언이 아니다.

  사람으로부터 관심을 받아도 기분이 좋은데 하물며 하나님께 관심을 받으면 어떨까? 여기 하나님의 관심을 집중적으로 받은 성경 인물이 있다. 하나님이 큰 사명을 이루기 위해 부르신 자, 떨기나무의 타는 불꽃에서 하나님의 음성을 들은 자, 바로 모세이다. 하나님은 이스라엘 백성의 출애굽을 위해 모세를 부르시고, 애굽의 바로 왕에게 보내셨다. 그리고 바로 왕에게 이스라엘 백성의 해방을 요구하라고 명령하셨다. 이것이 첫 번째 보내심이다.

> 그 후에 모세와 아론이 바로에게 가서 이르되 이스라엘의 하나님 여호와께서 이렇게 말씀하시기를 내 백성을 보내라 그러면 그들이 광야에서 내 앞에 절기를 지킬 것이니라 하셨나이다 출 5:1

그러나 모세가 바로 왕에게 한 요구는 즉시 거부되었고, 오히려 이스라엘 백성에게 더 심한 탄압이 가해지는 결과를 낳고 말았다. 이로 인해 이스라엘 백성은 하나님이 세우신 모세를 그들의 지도자가 아닌 괴롭히는 자로 매도하게 된다.

> [20]그들이 바로를 떠나 나올 때에 모세와 아론이 길에 서 있는 것을 보고 [21]그들에게 이르되 너희가 우리를 바로의 눈과 그의 신하의 눈에 미운 것이 되게 하고 그들의 손에 칼을 주어 우리를 죽이게 하는도다 여호와는 너희를 살피시고 판단하시기를 원하노라 출 5:20~21

모세는 지금 바로 왕의 거절과 자신을 향한 이스라엘 백성의 원망으로 인해 좌절한 상태다. 이때 하나님은 모세에게 찾아오셔서 두 번째로 다시 한번 사명을 잘 감당할 수 있도록 용기를 주시고 모세의 영적 능력을 새롭게 하셨다.

이 모습을 통해 하나님이 우리에게 나타내시고자 하는 바는 무엇일까? 하나님의 소명을 받고 하나님의 사명을 감당하는 자에게는 일시적 좌절이나 침체가 있을 수 있지만, 하나님은 끝까지 다가오셔서 넘어지지 않도록 붙들어 주신다는 사실이다. 그런데 문제는 우리가 그런 하나님을 얼마나 신뢰하고 의지하면서 끝까지 사명의 자리를 감당하는지이다.

그렇다면 모세를 향한 하나님의 이런 관심 속에는 어떤 의미가 담겨 있을까? 또 하나님은 모세의 어떤 점을 눈여겨보고 계실까?

> 여호와께서 모세에게 말씀하여 이르시되 나는 여호와라 내가 네게 이르는 바를 너는 애굽 왕 바로에게 다 말하라 출 6:29

우선 하나님은 믿음의 정체성을 확인하는 분이다. 정체성이란 변하지 않는 존재의 본질을 깨닫는 것으로 곧 아이덴티티^{identity}이다. 지금 모세는 크게 낙심한 상황이다. 이런 그에게 하나님이 나타나 하시는 말씀은 그를 위로하거나 큰 도움을 주는 것이 아니었다. 오히려 모세 안에 있는 믿음을 점검하라고 말씀하신다.

"모세야, 나는 여호와 하나님이다. 네 속에 내가 있다면, 더 큰 믿음으로 또 담대하게 바로에게 나가서 선포하라!"라는 것이다. 즉 모세가 가진 믿음의 정체성부터 점검하라는 뜻이다.

하나님은 모세에게 그분의 뜻이 담긴 이 말을 두려워하지 말고 가서 전하라고 명하신다. 즉 명하는 말씀을 단 하나도 빼지 말고 그대로 애굽 왕 바로에게 전하라는 말이다. 그런데 모세가 이 말씀을 그대로 바로 왕에게 전한다면, 바로는 어떤 반응을 보일까? 분노한 바로에 의해 모세는 죽임을 당할 것이 뻔했다. 그럼에도 하나님은 힘들어하는 모세를 찾아오셨다. 너무도 힘든 상황이지만, 모세가 자신의 정체성을 점검하길 원하셨다.

"모세야! 네 마음속에 나를 신뢰하는 믿음이 얼마나 있느냐?"

하나님은 모세가 자신 안에 있는 믿음의 모습을 보길 원하셨다. 그러나 모세는 이렇게 대답했다.

"하나님! 저는 입이 둔하여 바로 왕이 제 말을 듣지 않을 것입니다."

> 모세가 여호와 앞에서 아뢰되 나는 입이 둔한 자이오니 바로가 어찌 나의 말을 들으리이까 출 6:30

하나님의 말씀에도 불구하고 모세는 여전히 망설이고 두려워했다. 모세의 입장으로 보면 그럴 법도 하다. 그는 자신이 말하는 재주가 없음을 누구보다 잘 알았기에 하나님의 명령을 거절했었고, 그런 모세에게 하나님은 그의 형 아론을 붙여주셨다. 그런데도 바로가 자신의 말을 듣지 않고 완강한 반응을 보이자 모세는 또다시 가서 바로 왕을 설득할 자신이 없었다. 불가능한 일이라고 여겼다. 그래서 그는 자신의 입이 둔하여 바

승리가 시작되다

로를 설득할 수 없다고 항변하고 있는 것이다.

　모세 입장에서는 자신이 바로에게 다시 갈 수 없는 게 당연했다. 하지만 하나님은 이런 상황에서도 모세가 놓친 사실 한 가지를 깨닫길 원하셨다. 그것은 바로 왕이 모세의 뛰어난 언변 때문에 하나님의 말씀을 듣는 것이 아니란 사실이다. 즉 바로를 변화시키고 그로 하나님의 말씀을 듣게 하는 힘은 모세의 말주변이 아니라, 그가 전하는 하나님의 말씀 자체의 능력에 있다는 것이다. 그래서 하나님은 모세 안에 있는 믿음의 정체성을 확인하길 원하셨다.

　모세는 스스로 이제는 하나님의 사명을 감당할 만큼 믿음이 있다고 여겼다. 그래서 담대하게 바로 왕에게 하나님의 뜻을 전했다. 하지만 바로 왕은 오히려 모세에게 반격했고, 이런 상황에서 모세는 믿음의 확신이 흔들리며 힘든 상황에 처하게 됐다. 이유가 뭘까? 바로 그분의 능력이 아닌 자신의 능력으로 하나님의 사명을 감당하려 했기 때문이다. 누구나 모세 같은 위대한 인물은 큰 믿음을 가졌을 거로 생각한다. 하지만 어려운 현실 앞에서 모세도 믿음이 약해지는 인간적인 모습을 보였다.

　하나님이 우리에게 요구하시는 것은 다른 것이 아니다. 어떤 상황이 온다고 해도 끝까지 전적인 신뢰와 믿음을 올려드리는 것이다. 우리 안에 믿음은 환경과 상황에 따라 너무나도 가변적이어서 끝까지 지속되지 않기 때문이다.

인간관계도 마찬가지다. 처음에는 서로 사랑하는 사이였지만 어떤 계기로 사랑이 식기도 한다. 신뢰하다가 그 신뢰가 깨어지기도 한다. 이런 특성 때문에 하나님과 우리의 관계를 사랑의 관계로 표현하는 것이다.

믿음은 과거나 미래의 모습을 의미하지 않는다. 지금 바로 이 순간 현재가 중요하다. 하나님의 깊은 관심은 다른 데 있지 않다. 오늘 바로 지금, 내게 어떤 믿음이 있는지를 주목하신다. 그러니 오늘 내 안에 믿음이 있는지, 믿음의 정체성이 확고한지 늘 점검하는 것이 중요하다.

> [1]여호와께서 모세에게 이르시되 볼지어다 내가 너를 바로에게 신 같이 되게 하였은즉 네 형 아론은 네 대언자가 되리니 [2]내가 네게 명령한 바를 너는 네 형 아론에게 말하고 그는 바로에게 말하여 그에게 이스라엘 자손을 그 땅에서 내보내게 할지니라 출 7:1-2

두 번째로는 하나님의 능력을 확인하라는 의미였다. 하나님은 바로에게 반격을 당한 후 머뭇거리는 모세에게 그의 믿음을 확인하라 하셨고, 이어서 하나님의 능력을 확인시켜 주셨다.

"신 같이 되게 하였은즉" 여기서 신은 일반적인 신이 아닌 엘로힘, 즉 전능하신 하나님을 뜻한다. 모세가 바로에게 신과 같이 두려운 존재가 될 것이며, 하나님이 모세를 바로에게 하나님이 되게 하겠다는 뜻이다. 거짓된 이방신이 아니라 전능한 하나님, 능력의 하나님이 되겠다는 의미이다.

하나님은 왜 모세에게 하나님의 능력이 임한다고 하셨을까? 이유를 찾기에 앞서 먼저 바로 왕에 대해 알아보자. 애굽에서는 바로를 만물을 다스리는 태양신 라(Ra)의 아들로 여겼다. 그래서 이름도 태양신 라의 아들이라는 뜻으로 '파라오'로 불렸다. 그런 바로에게 모세로 하여 신 같이 되게 한다는 하나님의 말씀은 실로 엄청난 것이었다. 제아무리 추앙받는 바로라도 감히 모세 앞에서는 자신의 권세를 자랑할 수 없을 테니 말이다. 그래서 바로는 결국 모세에게 함께하셨던 하나님의 능력으로 나타난 열 가지 재앙 앞에 무릎 꿇고 말았다. 처음에는 재앙을 피해 보려 했지만 장자의 죽음 앞에서 끝내 무릎을 꿇었고, 마침내 하나님의 백성을 놓아준 것이다. 모세에게 하나님의 크신 능력이 임한 결과였다.

현재 자신의 상황에서 부족함이 많다 하더라도 실망할 이유가 없다. 오히려 역사하실 하나님을 기대하면 된다. 하나님은 또 다른 모습으로 채우시고 도우시며 준비하시기 때문이다.

"모세야! 바로가 그렇게 큰 능력을 갖추고 있느냐?"

하나님은 모세에게 "내가 바로보다 더 강한 능력의 힘으로 함께하리라!"라고 말씀하신다.

"모세야, 너에게 말하는 재주가 없다고 염려하느냐? 염려하지 마라! 너는 형 아론에게 선포만 해라. 아론이 말 잘하는 탁월함으로 너를 대신할 것이다. 끝내는 바로가 굴복하고 너희 백성을 놓아주게 만들 것이다."라고 말씀하는 것이다.

놀랍고도 분명한 사실은 이런 하나님의 능력이 오늘 우리에게도 함께한다는 것이다. 그러니 세상의 그 어떤 권세와 능력도 두려워할 필요가 없다. 하나님의 크신 능력으로 담대하게 나아갈 때 두려움은 더는 우리의 것이 아니다.

> 바로가 너희의 말을 듣지 아니할 터인즉 내가 내 손을 애굽에 뻗쳐 여러 큰 심판을 내리고 내 군대, 내 백성 이스라엘 자손을 그 땅에서 인도하여 낼지라 출 7:4

마지막으로 하나님의 일하심을 확인하라는 의미였다.

"모세야! 그래도 바로는 완강히 버틸 것이다. 그러나 너는 전적인 신뢰로 내 말을 준행해라. 그러면 이제부터는 내가 직접 일하는 것을 보게 될 것이다. 그저 너는 나를 믿어라!"

이처럼 하나님은 바로가 아무리 반항해도 직접 개입하셔서 끝내 하나님의 강한 능력으로 뜻을 이루셨다. 구약성경의 요나 선지자도 하나님의 부르심을 받았지만, 그분의 명령을 어기고 다시스로 가다가 풍랑을 만났다. 하지만 결국 하나님이 허락하신 니느웨로 가서 받은 사명을 잘 감당했다. 이처럼 하나님은 개입해서서 일하는 분이다. 그 능력의 하나님을 온전히 신뢰한다면 하나님의 일하심을 보게 될 것이다.

우리는 하나님이 모세에게 보이신 관심의 의미를 바로 알아야 한다. 하나님의 관심을 통해 우리는 믿음의 정체성과 하나님의 능력과 그분의 일하심을 확인할 수 있다. 더 놀라운 것은 지금, 이 순간에도 하나님의 관심은 늘 우리를 향해 있다는 사실이다. 이 얼마나 위대한 축복인가!

한 치의 오차도 없이

'하나에서 열까지'라는 제목의 글이 있다. 소개하자면 이렇다.

첫 번째로 천하에서 가장 소중한 것 한 글자는 '나'이다.

두 번째로 어떤 것도 이길 수 있는 두 글자는 '우리'이다.

세 번째로 세상에서 가장 아름다운 세 글자는 '사랑해'이다.

네 번째로 평화를 가져오는 네 글자는 '내 탓이오.'이다.

다섯 번째로 돈 안 들이고 최고의 동력을 만드는 다섯 글자는 '정말 잘했어.'이다.

여섯 번째로 더불어 사는 세상을 만드는 여섯 글자는 '우리 함께해요.'이다.

일곱 번째로 뜻을 이룬 사람을 표현하는 일곱 글자는 '처음 그 마음으로'이다.

여덟 번째로 인간을 돋보이게 하는 여덟 글자는 '그럼에도 불구하고'이다.

아홉 번째로 다시 한번 일어서게 하는 아홉 글자는 '지금도 늦지 않았단다.'이다.

열 번째로 나를 지켜주는 든든한 열 글자는 '내가 항상 네 곁에 있을게.'이다.

이 열 가지에 두 가지를 덧붙여 글을 완성해 보고자 한다.

열한 번째로 늘 나를 안심하게 만드는 열한 글자는 '내가 너를 반드시 지키리라.'이다.

열두 번째로 늘 내게 꿈과 용기를 주는 열두 글자는 '한 치의 오차 없이 이루시는 분'이다.

'한 치의 오차도 없이'라는 말은 완벽하고 완전하다는 의미로 어떤 일을 작은 흠집 하나 없이 아주 정확하게 이뤄간다는 뜻이다. 그렇다면 하나님은 과연 어떤 분이기에 이렇게 한 치의 오차도 없이 일을 행하시는지 생각하게 된다. 하나님을 한마디로 정의하면 너무나도 완벽하게 그리고 정확하게 모든 것과 모든 일을 이루시는 분이다. 그분은 인간으로서는 도저히 상상조차 하기 어려운 일을 그분의 방법으로 이뤄가는 분이다. 그래서 성경은 한 치의 오차도 없이 너무나도 정확하게 모든 일을 이뤄가는 하나님의 모습을 기록하고 있다.

그 한 예가 느부갓네살 왕이다. 그는 기원전 587년에 유대인을 멸망시키고 그들을 바벨론 포로로 끌고 갔다. 잡아간 유대인을 바벨론화 시키면서 유대인에 대한 완전한 정복을 꿈꿨던 바벨론의 왕이다. 이때 그가 바벨론으로 끌고 간 유대인의 포로 중에는 왕족 출신의 똑똑한 소년들도 포함돼있었다. 이 소년들을 데려다가 3년 동안 바벨론식으로 교육했는데, 이는 그들을 바벨론화 된 강력한 지도자로 만들고자 함이었다. 이를 통해 유대인에게 새로운 바벨론 문화와 영향력을 전파하려는 목적이 있었기 때문이다. 우리나라 역사 속에도 이와 비슷한 일이 있었다. 일제 강점기 시절에 많은 조선인에게 일제식 교육을 시킨 후, 그들을 통해 조선을 더 장악하고자 했던 식민지 정책이 그렇다. 그때 많은 조선인이 창씨개명 즉 일본식 성명 강요를 당한 것과 마찬가지로 바벨론으로 끌려간 유대 소년들의 이름 또한 바벨론식으로 바뀌고 말았다.

> [7]환관장이 그들의 이름을 고쳐 다니엘은 벨드사살이라 하고 하나냐는 사드락이라 하고 미사엘은 메삭이라 하고 아사랴는 아벳느고라 하였더라
> [8]다니엘은 뜻을 정하여 왕의 음식과 그가 마시는 포도주로 자기를 더럽히지 아니하리라 하고 자기를 더럽히지 아니하도록 환관장에게 구하니
> 단 1:7~8

이 당시 왕은 늘 신전에서 제사를 지내고 난 후, 제사 지낸 음

식을 유대인 교육생에게 먹였다. 그런데 다니엘과 그의 세 친구는 왕이 주는 이 음식을 거절했다. 산해진미였는데도 말이다. 이들은 단호했다. 우상의 제물은 절대 먹지 않겠다는 확고한 의지였다.

이 모습을 본 환관장은 당황했다. 만약 그가 관리하는 교육생이 혹여 병들거나 사망하게 되면 그 책임은 오롯이 환관장 본인에게 돌아갔기 때문이다. 그래서 그는 다니엘과 세 친구에게 음식 먹기를 강요했지만, 그들의 신념은 너무도 확고했다. 그들이 음식을 먹지 않았음은 물론이고, 오히려 환관장에게 뜻밖의 제안을 한다. 우상에게 드려졌던 음식을 거부한 본인들과 왕의 진미를 잘 먹은 다른 소년들의 상태를 열흘 뒤에 비교해 보자는 것이다.

> [13]당신 앞에서 우리의 얼굴과 왕의 음식을 먹는 소년들의 얼굴을 비교하여 보아서 당신이 보는 대로 종들에게 행하소서 하매
> [15]열흘 후에 그들의 얼굴이 더욱 아름답고 살이 더욱 윤택하여 왕의 음식을 먹는 다른 소년들보다 더 좋아 보인지라 단 1:13, 15

열흘이 지났다. 놀랍게도 다니엘과 친구들의 얼굴이 왕의 진미를 먹은 다른 소년들보다 훨씬 좋았다. 정말 한 치의 오차도 없이 다니엘과 친구들의 피부 조직까지도 관여하시는 하나님

의 능력을 보게 된다. 이런 하나님의 완벽하신 계획은 출애굽 사건을 통해서도 볼 수 있다.

하나님은 애굽에서 이스라엘 백성을 탈출시키려는 계획을 품으셨다. 그 목적을 이루시기 위해 모세를 부르시고 택하셨다. 이를 통해 하나님은 그분의 일을 이루실 때 사람을 통해 역사하신다는 사실을 알 수 있다. 출애굽의 역사를 보면 하나님이 모세를 찾아오셔서 그분의 계획을 한 치의 오차도 없이 이루심을 보게 된다. 그렇다면 그분은 그 계획을 어떻게 한 치의 오차도 없이 이뤄나가실까?

하나님이 모세와 아론에게 새로운 사명을 주실 때마다 항상 반복적으로 나타났던 현상이 있다. 다름 아닌 말씀으로 그분의 뜻을 알리셨다는 사실이다. 이처럼 하나님은 말씀을 통해 성령으로 나타나시는 분이다.

> [8]여호와께서 모세와 아론에게 말씀하여 이르시되 [9]바로가 너희에게 이르기를 너희는 이적을 보이라 하거든 너는 아론에게 말하기를 너의 지팡이를 들어서 바로 앞에 던지라 하라 그것이 뱀이 되리라 출 7:8~9

"말씀하여"라는 의미는 이제부터 모세와 아론이 구체적으로 무엇을 어떻게 행해야 할 것인지를 상세하게 말씀으로 알려주신다는 뜻이다.

"모세야! 바로가 너무 완강해서 말을 듣지 않는다. 그러니 형 아론에게 그의 지팡이를 던지라고 말해라. 그러면 내가 지팡이를 뱀이 되게 할 것이다!"

하나님은 말씀으로 모세와 아론이 바로 왕에게 가서 어떻게 행해야 하는지를 구체적으로 지시하셨다. 말씀으로 인도하시는 하나님은 지금도 동일하게 말씀으로 우리를 인도하신다. 그래서 시편 기자는 이런 고백을 했다.

> 주의 말씀은 내 발에 등이요 내 길에 빛이니이다 시 119:105

탈무드에 이야기 중에 '소경의 등불'이란 내용이 있다. 소경은 비록 자신의 눈은 보이지 않지만 늘 등불을 들고 다닌다. 자신이 잘 보기 위해서가 아니라 남들이 자신에게 부딪히지 않게 하려고 등불을 들고 다녔다. 이 당시 등불은 단지 자신의 서너 걸음 앞만을 비출 수 있을 정도로 매우 약한 등불이었다.

하나님의 인도하심도 이와 같다. 내가 걸어가야 할 단 몇 걸음의 앞만 보여주신다는 것이다. 마치 점쟁이처럼 어디에 가서 무엇을 하라고 콕 집어 구체적으로 말씀하시지 않는다. 그분은 우리의 미래가 성공이냐 실패냐를 놓고 판가름하시는 분도 아니다. 세상은 너무나도 쉽게 변하기에 우리의 미래는 누구도 예측하기 어렵다. 이런 세상에서 우리는 오직 하나님의 말씀을 붙잡아 한 걸음씩 걸어야 한다. 주님의 말씀을 의지해 한 걸음 한 걸음 걷다 보면 어느새 하나님이 인도하시는 그곳으로 가 있는 자신을 보게 될 것이다. 그렇기에 시편 기자는 하나님의 말씀은 내 발의 등이라고 말하고 있다. 우리에겐 그 무엇보다 하루하루 말씀의 등불이 필요하다는 사실을 말하는 것이다.

하나님은 첫 번째 바로와의 만남 후 좌절한 모세를 찾아가 그로 하여금 바로에게 신이 되게 하신다고도 말씀하셨다. 모세에게 신과 같은 능력을 주시겠다고 말이다. 이는 하나님의 강한 능력을 모세에게 주시겠다는 말씀이며, 모세가 하나님 말씀대로 행하면 그에게 인간이 할 수 없는 하나님의 능력을 부어 주시겠다는 약속이다. 그래서 모세는 말씀대로 지팡이를 던졌고, 그 지팡이가 뱀으로 변하는 기적을 보게 된다.

하나님의 말씀이 우리에게 이루어지길 원한다면, 그리고 그 말씀을 들었다면 행할 수 있는 믿음 또한 필요하다. 만약 누가 우리에게 아름다운 꽃씨를 주었다고 치자. 이 꽃씨를 심어야만 나중에 예쁜 꽃을 볼 수 있다. 하지만 심지 않으면 이 꽃씨는 그저 씨앗으로만 남아 꽃은 기대할 수도 없다. 하나님의 말씀도 꽃씨와 다르지 않다. 하나님의 말씀을 들었다면 그것을 내 안에 심고 행할 수 있는 믿음도 달라고 기도해야 한다. 믿음의 다른 말은 행함이다. 들은 말씀을 믿음으로 행할 때 하나님의 놀라운 능력이 함께할 거라고 그분이 약속하셨다.

그렇다면 한 치의 오차도 없는 일은 언제 일어날까?

> 모세와 아론이 바로에게 가서 여호와께서 명령하신 대로 행하여 아론이 바로와 그의 신하 앞에 지팡이를 던지니 뱀이 된지라 출 7:10

답은 "명령하신 대로 행하여" 바로 이것이다. 하나님은 모세와 아론에게 말씀을 주셨다. 바로 왕 앞에 담대히 가서 지팡이를 던지라고 말이다. 비록 하나님이 말씀하셨을지라도 현실은 현실이다. 강대국의 절대 권력자인 바로 왕 앞에 서는 것 자체가 두려운 일일뿐더러 그 앞에서 담대히 선포하며 지팡이를 과감히 던진다는 것은 더욱 어려웠다. 하지만 모세와 아론은 말씀대로 담대히 행했고, 그때 하나님의 능력이 나타났다.

믿음 생활을 하다 보면 하나님의 말씀을 받고 감동할 때가 있다. 하지만 그 받은 말씀을 삶으로 증거 하기란 쉽지 않다. 행할 수 없는 현실 앞에 움츠러드는 게 다반사다. 하지만 모세와 아론은 그렇지 않았다. 하나님이 명하신 대로 행하면 죽을지도 모른다는 현실을 알면서도 기꺼이 순종했다. 그래서 그들은 지팡이가 뱀이 되는 기적을 보았다.

이처럼 한 치의 오차도 없이 행하시는 하나님의 기적을 보고자 한다면, 먼저 말씀을 붙들어야 한다. 그리고 믿음으로 행해야 한다. 그렇게 계속 도전하는 자만이 주님의 역사하심을 볼 수 있다. 모세와 아론처럼 말이다.

마가복음 5장에 한 여인이 나온다. 이 여인은 아주 심한 절망에 빠져 죽음을 기다리고 있었다. 희망이라곤 1%도 없는 여인으로 당시 의학으로 치료할 수 없는 중병을 앓고 있었다. 심한 하혈을 하는 혈루증이라는 병이다. 이 당시 율법상 혈루증은 부정한 병으로 간주해 비록 그 여인이 유대인이었음에도 하나님의 성전에 들어갈 수 없었다. 사람들과 어울리는 일상생활조차 불가능했다. 전염시킨다고 여겼기 때문이다. 그래서 그 여인이 가까이 오면 사람들은 돌로 다가오지 못하게 쳤다. 심지어 주위에 사람이 오면 자신이 먼저 사인^{sign}을 보내야 했다. 부정한 병이 있으니 가까이 오지 말라는 신호 말이다. 그래서 가족과도 같이 살지 못하고 격리된 채 살아갔다. 그래도 자신의 병을 고쳐보겠다고 12년 동안 많은 병원과 의사를 쫓아다녔지만 모두 헛수고였다. 도저히 고칠 방법이 없었기 때문이다.

그런데 이 여인에게 누군가가 예수님을 전해줬다. 예수님의 이야기를 듣는 순간, 놀랍게도 그 여인 속에서 있던 죽음에 대한 두려움과 염려가 떠나갔다. 걱정이 사라지자 마음이 평안해졌고, 희망이 생기기 시작했다. 그녀는 그렇게 새로운 역사를 기대했다. 그저 예수님에 대해 듣기만 했는데도 말이다.

어느 날 마을에서 사람들이 웅성웅성 떠드는 소리가 들렸다. 예수님이 마을에 지나가신다는 얘기였다. 그 순간 여인의 머

릿속에 갑자기 어떤 생각이 들었다. 지나가는 예수님의 옷자락 끝만 만져도 자신이 나을 수 있을 거라고 말이다. 희망이라곤 전혀 없었던 이전과는 달리 생각이 완전히 바뀐 것이다. 그리고 그 여인은 그 믿음대로 예수님의 옷자락을 만졌고, 12년 동안 자신을 괴롭혀온 문제를 벗어나 삶의 기적을 보게 되었다. 그녀가 하나님을 향한 온전한 믿음대로 행했기 때문이다.

모세처럼 또는 이 여인처럼 하나님의 기적을 보고 싶은가? 그렇다면 먼저 한 치의 오차도 없이 일하시는 하나님을 믿어야 한다. 하나님이 우리에게 하시는 말씀에 귀 기울여야 한다. 그리고 주님이 그 말씀을 이루실 것을 확신해야 한다. 나아가 바로 지금 말씀을 붙들고 도전하는 행함이 필요하다. 그 순간, 하나님의 역사는 새롭게 일어날 것이다. 주님은 언제나 동일하시다. 모세를 통해 역사하신 하나님이 지금도 우리 삶에서 놀라운 일들을 이루신다.

무엇에 집중할 것인가?

하나님이 성경에 등장하는 많은 사람에게 요구하시는 것이 있다. 바로 하나님께 집중하라는 것이다. 마음속에 하나님이 있다면 그분께 늘 집중하라고 하신다. 집중한다는 말은 마음이 어느 한 곳으로 늘 향해 있다는 의미다. 그래서 잘 집중하면 정말 중요한 것을 볼 수 있고, 작은 소리도 들을 수 있다. 그렇기에 우리가 하나님께 늘 집중하면 하나님의 세밀한 음성도 듣게 되고, 그분의 작은 뜻도 발견하게 된다.

  엄마가 아기를 낳게 되면 예전에는 안 보이던 것이 새롭게 보이기 시작하고 그 아기의 작은 몸짓 하나에도 새로운 것을 느끼고 보게 된다. 아기에게 늘 집중하기 때문이다. 그래서 아기의 울음소리나 작은 몸짓만 봐도 배고파서 우는 건지 기저귀가 젖어서인지 그 뜻을 바로 알 수 있다. 그런데 아기가 성장할수록 부모가 자신에게 집중하면 자녀들은 피곤해하며 간섭하지 말라고 한다. 부모의 집중이 자신에 대한 간섭으로 느껴져 제약받는 것처럼 느껴지기 때문이다.

  우리도 다르지 않다. 우리도 신앙생활을 하다 보면 부모에게 간섭받는다고 느끼는 자녀처럼 말할 때가 있다. "하나님, 제게 집중하지 마세요."라고 말이다. 하나님 때문에 자신의 생활과 인생이 제약을 받는다고 여기는 까닭이다. 그런데 부모가 자식에게 집중하는 이유는 생활에 제약을 주려는 것이 아니다. 오히려 자녀의 아주 작은 몸짓과 행동이라도 놓치지 않고 필요한 것을 채워주려는 의도이다. 하나님도 이와 같다. 하나님은 우리를 제약하려는 것이 아니라 도리어 우리가 깨닫지 못한 것을 하나님의 능력으로 공급해주시길 원한다. 그래서 하나님은 오직 그분께만 집중하라고 하셨다.

모세와 아론에게 하나님이 원하셨던 것도 바로 이 '집중'이다. 그들이 오직 하나님께만 집중하길 원하셨다. 실제로 모세는 그 하나님의 뜻을 받아들여 많은 제약과 난관을 극복하고 바로 앞에서 하나님의 명령을 전했다. 어찌 보면 이는 스스로 죽음의 길을 걸어간 것과 같다. 어떻게 그렇게 할 수 있었을까? 그것은 모세가 늘 하나님께 집중했기 때문이다. 그래서 모세는 하나님의 뜻을 위해서 죽음을 두려워하지 않고 담대히 바로 왕 앞에 설 수 있었다. 하나님은 그런 모세를 붙드셔서 열 가지 재앙의 이적으로 바로 왕을 꺾으셨고, 끝내 이스라엘 백성을 애굽에서 해방시킨 것이다.

이렇듯 하나님께 집중하면 그분의 능력으로 모든 일을 감당하게 된다. 하나님께 집중한 모세에게도 하나님의 능력이 부어졌다.

> [10]이제 내가 너를 바로에게 보내어 너에게 내 백성 이스라엘 자손을 애굽에서 인도하여 내게 하리라 [11]모세가 하나님께 아뢰되 내가 누구이기에 바로에게 가며 이스라엘 자손을 애굽에서 인도하여 내리이까 출 3:10~11

그런데 왜 하나님은 수많은 사람 가운데 모세를 택하셨을까? 왜 모세에게만 사명을 주셨을까? 그의 내면에 이스라엘과 교통할 수 있는 영적 교감이 있었기 때문이다. 달리 말해 모세의 내면은 항상 하나님을 향해 집중돼있었다는 말이다. 우리가 자주 사용하는 휴대폰은 눈에 보이진 않지만 전파가 통해야만 사용할 수 있다. 하나님과의 영적 교감도 이와 같다. 늘 하나님과 채널이 연결돼있어야만 하나님의 소리를 듣게 되고, 하나님의 능력도 공급받을 수 있다. 모세는 늘 하나님께 집중했기에 영적 채널이 연결돼있었다.

그런데 모세는 하나님의 뜻을 행하고도 오히려 좋지 않은 결과가 생기자 좌절하고 만다. 바로 그때 하나님이 다시 모세에게 나타나 말씀하신다.

> [14]여호와께서 모세에게 이르시되 바로의 마음이 완강하여 백성 보내기를 거절하는도다 [15]아침에 너는 바로에게로 가라 보라 그가 물 있는 곳으로 나오리니 너는 나일 강 가에 서서 그를 맞으며 그 뱀 되었던 지팡이를 손에 잡고 출 7:14-15

바로 왕이 아침에 나일강으로 나간 것은 나일강을 관장하는 '크눔Khnum'이라는 신에게 제사를 지내기 위해서였다. 애굽 사람이 신성시하는 나일강의 신에게 제사를 지내며 풍요를 빈 것이다. 아마도 많은 신하를 데리고 갔을 터다. 하나님은 모세에게 이때 나일강으로 직접 찾아가 바로 왕과 모든 신하가 보는 앞에서 뱀이 되었던 지팡이를 던지라고 하셨다. 애굽 땅에 임할 하나님의 진노를 상징한 것이다.

> 나일 강의 고기가 죽고 그 물에서는 악취가 나리니 애굽 사람들이 그 강 물 마시기를 싫어하리라 하라 출 7:18

바로 왕과 신하들이 나일강의 신에게 제사 지내러 온 상황에서 그곳에 임할 하나님의 진노를 직접 선포하라는 말씀이다. 하지만 그때 상황이 어땠는가? 모세가 선포하는 즉시 그곳에 모인 군인들에게 죽임을 당할지도 모르는 일이었다. 그러니 모세 자신도 얼마나 두렵고 떨렸겠는가! 그러나 모세는 두려워하지 않고 담대히 선포했다. 나일강의 모든 물고기는 죽을 것이고 악취가 나서 애굽 사람들은 그 물을 마시지 못할 것이라고 말이다.

> [20]모세와 아론이 여호와께서 명령하신 대로 행하여 바로와 그의 신하의 목전에서 지팡이를 들어 나일 강을 치니 그 물이 다 피로 변하고 [21]나일 강의 고기가 죽고 그 물에서는 악취가 나니 애굽 사람들이 나일 강 물을 마시지 못하며 애굽 온 땅에는 피가 있으나 출 7:20-21

모세는 죽음을 각오하고 바로 왕과 신하들 앞에서 하나님의 재앙을 선포했다. 결과는 어땠을까? 모세의 말이 떨어지자마자 나일강은 온통 피가 되어 모든 생물이 죽고, 사람들이 그 물을 마시지 못하게 됐다. 모세의 선포대로 이뤄진 것이다.

이 놀라운 일은 모세의 능력으로 인한 것이 아니었다. 오직 하나님의 능력이었다. 그분의 능력을 믿고 그분의 능력을 신뢰하며 그분의 말씀대로 선포했더니 놀라운 일이 벌어졌다.

하나님의 사명을 감당하는 자에게는 그분의 권위를 나타내는 능력도 함께 주신다. 모세와 아론은 하나님께 집중했기에 놀라운 하나님의 능력을 보게 됐다. 오늘날도 마찬가지다. 하나님의 이름을 신뢰하고 그분의 역사를 믿으며 간구할 때, 하나님의 능력이 임한다.

사도행전 16장에 보면 바울이 예수 그리스도를 믿고 난 후, 세 차례에 걸쳐 복음 전도 여행을 떠난 장면이 나온다. 1차 전도 여행을 마치고 난 바울은 2차 전도 여행을 아시아 쪽으로 가기로 계획하고 그것에 맞춰 모든 것을 준비했다. 당시 바울이 있던 곳은 지금으로 보면 중앙아시아 즉 터키 땅이다. 터키는 왼쪽은 유럽과 연결되고, 오른쪽은 아시아로 이어져 그야말로 유럽과 아시아 중간에 있는 나라이다. 이때 유럽은 지금의 그리스 지역인데, 문제는 하나님이 바울에게 아시아로 향하지 말고 유럽 쪽으로 가라고 하신 것이다. 바울은 아시아로 갈 모든 준비를 다 해놓은 상황이었지만 성령이 허락하지 않았다고 성경은 말하고 있다.

> ⁶성령이 아시아에서 말씀을 전하지 못하게 하시거늘 그들이 브루기아와 갈라디아 땅으로 다녀가 ⁷무시아 앞에 이르러 비두니아로 가고자 애쓰되 예수의 영이 허락하지 아니하시는지라 행 16:6-7

그래서 바울은 자신의 계획을 포기하고 성령이 인도하는 대로 유럽으로 전도 여행을 떠났다. 하지만 그에게는 엄청난 고난이 기다리고 있었다. 바울이 한 여성 점술가 속에 있던 귀신을 쫓아냈는데, 귀신이 떠나자 그 여인이 더는 점을 칠 수가 없었다. 그러자 그 여인을 통해 이익을 얻던 주인은 자신의 수입이 끊긴데 분개해 바울을 고발했다. 그래서 바울은 심하게 매를 맞고 옥에 갇힌다.

얼마나 어이없는 현실인가! 주님의 인도함을 믿고 따라왔는데 고난을 만난 것이다. 그런데도 바울과 실라는 한밤중에 감옥에서 하나님의 능력을 믿으며 기도하고 찬송했다.

> ¹⁹여종의 주인들은 자기 수익의 소망이 끊어진 것을 보고 바울과 실라를 붙잡아 장터로 관리들에게 끌어 갔다가
> ²³많이 친 후에 옥에 가두고 간수에게 명하여 든든히 지키라 하니
> ²⁵한밤중에 바울과 실라가 기도하고 하나님을 찬송하매 죄수들이 듣더라
> 행 16:19, 23, 25

승리가 시작되다

기도한다고 해서 이들이 처한 현실이 갑자기 확 바뀌길 기대하긴 어려웠을 터다. 그렇지 않은가? 이들은 지금 감옥 안에 있다. 감옥이라는 현실은 고난과 절망의 상징이다. 그런데도 바울과 실라가 하나님의 뜻을 온전히 신뢰하며 기도하고 찬송하자 놀라운 일이 벌어졌다. 갑자기 땅이 흔들리고 지진이 나면서 옥문이 열렸고 바울과 실라를 묶은 결박이 다 풀어졌다.

> 이에 갑자기 큰 지진이 나서 옥터가 움직이고 문이 곧 다 열리며 모든 사람의 매인 것이 다 벗어진지라 행 16:26

이들에게 벌어진 일도 놀랍지만, 더욱 놀라운 것은 따로 있다. 절망에 빠진 바울과 실라의 태도이다. 어떻게 그들은 절망 가운데서도 기도하고 찬송할 수 있었을까? 위기의 상황에서도 변함없이 하나님을 찬양할 수 있는 힘은 어디에서 온 것일까? 그렇다. 바울과 실라는 어떤 상황에서도 늘 하나님께 집중하는 사람이었다. 그것이 그들이 가진 가장 막강한 힘이었다. 이처럼 하나님께 집중하면 하나님의 능력이 보인다. 하나님께 집중하면 하나님의 능력이 나타난다.

자, 그렇다면 하나님께 집중하지 않으면 어떻게 될까?

하나님께 집중하지 않을 때 나타나는 현상은 애굽에 일어난 재앙을 보면 알 수 있다. 하나님은 애굽 왕인 바로에게 진노하셨다. 하나님의 말씀을 듣지 않았기 때문이다. 다시 말해 바로는 하나님께 집중하지 않았다. 하나님께 집중하지 않은 바로 왕에게 하나님의 말씀이 들릴 리가 없었다. 그래서 바로에게 하나님의 진노가 임한 것이다. 이처럼 하나님께 집중하지 않으면 하나님의 진노가 임하게 된다.

> 그에게 이르기를 히브리 사람의 하나님 여호와께서 나를 왕에게 보내어 이르시되 내 백성을 보내라 그러면 그들이 광야에서 나를 섬길 것이니라 하였으나 이제까지 네가 듣지 아니하도다 출 7:16

바로가 만약 그 당시에 하나님의 말씀을 듣고 이스라엘 백성을 애굽에서 내보낸다면 한창 진행 중인 모든 공사는 멈출 것이고 그로 인해 많은 경제적 손해를 보게 될 것은 뻔한 사실이었다. 또한 바로가 하나님의 말씀을 들으면 태양신의 아들이라는 자신의 권위가 실추될 터였다. 여러 계산 끝에 바로 왕은 자신이 하나님의 말씀을 따르게 되면 손해만 볼 거라는 결론에 이르렀다. 그래서 바로는 모세로부터 전해 들은 하나님의 말씀을 거절한 것이다.

그 결과는 너무 참담했다. 애굽의 강이 피로 변하는 대재앙을 불러온 것이다. 바로는 순간적인 이익과 계산으로 감당할 수 없는 큰 재앙을 맞고 말았다. 애굽 사람 모두가 신성시하던 나일강이 순식간에 저주받은 강물로 변했고, 사람들 모두가 그 강을 싫어하게 됐다.

> 나일 강의 고기가 죽고 그 물에서는 악취가 나리니 애굽 사람들이 그 강물 마시기를 싫어하리라 하라 출 7:18

우리도 때로는 이익을 따지는 계산이나 자신의 체면 때문에 하나님의 말씀을 거부할 때가 있다. 하나님께 집중하지 않는 것이다. 그러나 하나님께 집중하지 않는 대가는 참혹하다. 바로를 통해 얻는 귀한 깨달음이 그것이다. 하나님의 진노가 임하기 전에 항상 하나님께 집중하고 그분의 말씀에 귀 기울여야 한다는 사실이다. 때로는 하나님의 말씀이 손익 계산에 맞지 않고, 논리적으로도 맞지 않는다고 해도 굳건히 말씀을 붙들어야 한다. 하나님께서 반드시 그분의 능력으로 일어나게 하실 것이다.

우리 인생은 결단코 자신이 세운다고 해서 세워지는 것이 아니다. 하나님이 세우셔야 한다. 하나님이 세우시는 인생이 가장 완전하다. 그리고 하나님이 세우셔야 하나님의 말씀대로 반드시 이뤄진다.

모세가 하나님께 집중해 말씀대로 행한 결과, 그 말씀은 그대로 이뤄졌다. 말씀이 하나님의 역사가 됐고, 모세의 능력이 됐다. 그렇다. 하나님의 말씀에 집중하는 것이 가장 중요하다. 그 집중 가운데 하나님의 뜻도, 하나님의 계획도, 하나님의 약속도 있기 때문이다. 진정한 믿음에는 손익 계산이나 의심 따위가 끼어들 자리가 전혀 없다. 오직 그분께만 집중함으로 말씀을 붙들고 믿음의 도전을 계속 이어가야 한다. 그 끝에 온전한 승리와 완전한 능력이 있다는 것을 늘 기억해야 한다.

승리의 매뉴얼

어느 병원에 한 간호사가 있었다. 그녀는 매사에 적극적이고 친절해서 칭찬이 자자했다. 그러던 어느 날, 근무 중에 자신이 담당하는 환자에게 가서는 깊이 잠든 환자를 흔들어 깨웠다.

"어서 일어나세요!"

환자는 깊은 잠에서 깨어 놀라서 물었다.

"간호사님, 뭐가 잘못되었나요?"

그러자 간호사는 웃으면서 말했다.

"네, 지금 수면제 먹을 시간입니다."

황당하고도 재밌는 이야기다. 그런데 간호사는 왜 그런 행동을 했던 걸까? 그저 의사의 처방 매뉴얼대로 치료하기 위해서였다. 환자를 위한 치료 매뉴얼manual대로 이행했을 뿐이다.

사람은 새로운 것을 시도하거나 도전할 때면 두려움을 느끼곤 한다. 왜 그럴까? 한 번도 안 해본 일이기 때문이다. 그래서 안 해본 것을 잘하게끔 돕도록 만들어진 것이 안내서이다. 해야 할 것을 매뉴얼로 자세히 가르쳐주는 것이다.

그렇다면 우리 인생에도 매뉴얼이 있을까? 만약 있다면 그 매뉴얼은 과연 무엇일까? 바로 성경이다. 성경은 하나님의 심오한 계획과 뜻을 잘 설명해 놓은 인생의 안내서, 인생의 매뉴얼이다. 때로는 이 안내서의 내용이 우리의 상황과 현실에 잘 맞지 않는 것처럼 보일 때도 있지만, 지나고 나면 무릎을 치면서 고백하게 된다. 자신의 모든 인생을 아시는 하나님이 지금 여기까지 완벽하게 이끄셨다고 말이다. 하나님의 매뉴얼을 인정하게 되는 순간이다.

이스라엘의 출애굽도 하나님의 매뉴얼대로 전개됐다. 하나님은 끊임없이 바로 왕에게 하나님의 백성을 놓아주라고 요구하셨다. 이스라엘 백성이 하나님께 자유롭게 예배드릴 수 있도록 노예가 아닌 자유의 몸이 되게 하라는 요구였다. 그러나 당시 애굽의 왕은 이로 인한 경제적 손실을 걱정해서 거절했다. 그러자 하나님은 모세와 아론을 통해 나일강이 피가 되게 하는 첫 번째 재앙과 저들이 믿는 풍요의 신 개구리가 온 애굽을 덮치는 두 번째 재앙을 내리셨다.

두 번의 큰 재앙을 겪었음에도 불구하고 바로 왕의 마음이 여전히 강퍅해서 하나님의 뜻을 따르지 않자 또다시 재앙을 내리셨다. 세 번째 재앙은 땅에 있는 모든 티끌이 애굽의 온 땅에 이가 되게 하신 것이다.

> [16]여호와께서 모세에게 이르시되 아론에게 명령하기를 네 지팡이를 들어 땅의 티끌을 치라 하라 그것이 애굽 온 땅에서 이가 되리라 [17]그들이 그대로 행할새 아론이 지팡이를 잡고 손을 들어 땅의 티끌을 치매 애굽 온 땅의 티끌이 다 이가 되어 사람과 가축에게 오르니 출 8:16-17

티끌이란 말은 히브리어로 '아파르(עָפָר)'인데 먼지나 가루를 뜻한다. 하나님은 모세에게 아론으로 하여금 땅에 지팡이를 치라고 하셨고, 그러면 티끌이 곧 애굽 온 땅에 이가 되도록 하시겠다고 말씀하셨다. 여기서 말하는 '이'를 보는 견해에는 두 가지가 있다.

첫째는 날개가 없는 곤충으로 다른 동물에 기생해서 피를 빨아 먹고 사는 것을 말한다. 이는 지금도 여러 곳에서 많이 볼 수 있는데 사람의 몸속에 기생하면서 여러 무서운 질병의 매개체가 된다. 건강을 해치고 불쾌하게 만들 뿐 아니라 전염병을 옮겨서 죽음의 원인이 되기도 한다. 둘째는 각다리라는 견해이다. 이것은 크기가 작고 한 쌍의 날개로 날아다니는데 물속이나 축축한 곳에 알을 낳으며 어떤 계절이라도 적정량의 물과 온도만 있으면 거의 폭발적으로 개체수가 늘어난다. 사람과 모든 동물을 공격해 피를 빨아 먹으며 큰 고통을 주는데, 사람의 머리털이나 눈과 귀, 콧속까지 들어가 피를 빨아 먹는다.

많은 학자가 두 번째 견해가 성경이 말하는 이에 가깝다고 추측한다. 땅의 모든 먼지가 각다리 떼가 되어 애굽 전역의 사람과 가축을 향해 앞이 보이지 않을 정도로 달려든다고 상상해 보자. 이 얼마나 공포에 가까운 재앙인가!

그런데 여기에 특이한 점이 있다. 하나님의 첫 번째 재앙과 두 번째 재앙은 당시 우상의 주술사들도 따라 하고 흉내 낼 수 있었다. 그런데 특이하게도 이 세 번째 재앙은 애굽의 주술사들이 따라 할 수 없었다.

> 요술사들도 자기 요술로 그같이 행하여 이를 생기게 하려 하였으나 못 하였고 이가 사람과 가축에게 생긴지라 출 8:18

두 번째까지는 주술사들이 따라 할 수 있었는데 왜 세 번째부터는 따라 할 수 없었을까? 그 답은 하나님의 매뉴얼에 있다. 그분의 매뉴얼에는 하나님만의 특별한 계획이 담겨있기 때문이다. 과연 어떤 내용들이 있었을까?

먼저, 그분의 매뉴얼에는 분명한 기준이 있다는 사실이다. 애굽에 임한 재앙에서 하나님의 두 가지 분명한 기준을 찾아볼 수 있다. 하나는 하나님은 질서를 중요하게 여기신다는 것과 다른 하나는 하나님의 심판과 보호하심이 너무나도 분명하다는 것이다.

우선 하나님은 그분의 뜻을 말씀하실 때 분명한 순서 즉 질서를 지키셨다. 이루실 말씀들을 아론에게 직접 명령하실 수 있는데도 언제나 모세를 통해 하나님의 말씀을 전달하셨다. 하나님의 재앙을 선포하실 때는 아론에게 직접 말씀하지 않고 모세를 통해 아론에게 전달하게 하셨다. 왜 그렇게 하셨을까? 분명한 질서를 지키기 위해서였다. 하나님은 일찍이 호렙산에서 모세에게 나타나셨다. 그리고 그를 택하여 이스라엘 백성을 애굽에서 인도해내시겠다고 말씀하셨다.

> 이제 내가 너를 바로에게 보내어 너에게 내 백성 이스라엘 자손을 애굽에서 인도하여 내게 하리라 출 3:10

여기서 너는 모세를 지칭한다. 하나님은 모세를 부르신 후에 모든 일을 모세를 통해서 이루신다고 분명히 말씀하셨다. 하나님의 일이 그분의 질서 가운데 이뤄짐을 공표하신 것이다. 그리고 모세의 형인 아론을 대언자로 세우시고, 모든 일을 모세를 통해 이루신다고 하셨다. 하나님께서 분명한 질서를 기준으로 삼고 하나님의 뜻을 이뤄 가셨다는 사실이다. 하나님의 사명을 받은 모세가 일찍이 자신에겐 말하는 능력이 없다고 했을 때, 하나님은 당시 애굽에 있는 모세의 형인 아론을 대언자로 세우시겠다고 분명히 말씀하셨다. 그래서 세 번째 재앙을 내리실 때도 하나님의 뜻을 먼저 모세에게 알리시고 난 후, 다시 모세가 아론에게 명령하도록 만드셨다. 이처럼 하나님은 분명한 질서라는 그분의 기준으로 모든 일을 이루신다.

또 다른 기준은 하나님은 아무나 보호하고 인도하는 분이 아니라 분명한 기준으로 사람을 구분하신다는 사실이다. 즉 지켜주는 자와 심판하는 자가 명확히 구분된다는 말이다. 똑같은 지팡이라 할지라도 어떤 사람에게는 보호하고 인도하는 지팡이가 되는 반면, 어떤 사람에게는 심판과 진노의 지팡이가 된다. 그렇다면 그 기준은 과연 무엇일까? 바로 하나님의 자녀인지 아닌지, 그 차이다. 이스라엘 백성은 하나님의 자녀이기에 진노와 재앙 가운데서도 지키셨다. 하지만 애굽 백성은 하나님을 믿지 않는 자들이었기에 큰 재앙으로 심판하셨던 것이다.

다음으로 하나님의 매뉴얼에는 인간의 한계상황을 넘어서는 하나님의 능력이 있다. 하나님의 명령을 받은 모세가 아론에게 다시 명령했고, 아론은 말씀대로 행했다. 어떤 일이 벌어졌는가? 놀랍게도 있을 수 없는 일이 벌어졌다. 갑자기 온 땅의 먼지가 이가 되어 사람과 가축을 덮친 것이다. 이것을 본 애굽의 요술사들이 자신의 능력으로 이 재앙을 따라 하려 했지만, 전혀 흉내조차 낼 수 없었다. 결국 요술사들은 바로 왕에게 고백한다.

> 요술사가 바로에게 말하되 이는 하나님의 권능이니이다 하였으나 바로의 마음이 완악하게 되어 그들의 말을 듣지 아니하였으니 여호와의 말씀과 같더라 출 8:19

"왕이여! 이것은 하나님의 권능입니다."
 이 말 외에 그들이 할 수 있는 고백은 없었다. "권능이니이다"에 해당하는 히브리말은 '에츠바(אֶצְבַּע)'이다. 에츠바의 일차적 의미는 손가락 또는 손을 뜻한다. 문자적 의미로는 보통 손이나 손가락으로 무엇을 만든다는 기능적인 의미를 나타낸다. 그런데 이 단어가 상징적으로 사용될 때는 무엇을 하는 데 필요한 힘이나 능력 그리고 무엇을 만드는데 필요한 정교한 도구를 의미한다. 이를 사역적인 면에서 보면 하나님의 능력이나 계시를 뜻한다. 시편의 저자는 하나님의 손가락이 하늘과 달과 별을 만들었다고 표현한다.

> 주의 손가락으로 만드신 주의 하늘과 주께서 베풀어 두신 달과 별들을 내가 보오니 시 8:3

'하나님의 손가락이다.'라는 것은 곧 '하나님의 권능이다.'라는 것과 동일한 뜻이다. 그래서 애굽의 요술사들은 자신의 한계를 받아들이며 하나님의 권능을 인정했다. 이것은 단지 애굽 요술사들만의 한계를 의미하지 않는다. 하나님 앞에 있는 모든 인간의 한계를 뜻한다. 다시 말해 하나님 그분에게는 전혀 한계가 없지만, 모든 인간에게는 한계가 있다는 고백이다.

그렇다. 인간은 하나님의 권능을 흉내 내기 위해 끊임없이 노력하고 시도했지만, 결코 하나님을 따라 할 수 없을뿐더러 오히려 인간의 한계를 직시하게 됐다. 유전자를 복제했다고 했으나 인간의 질병조차도 정복 못했고, 과학의 발달을 자신 있게 발표하지만 자연재해로 나타나는 폭풍과 해일, 지진 앞에서는 번번이 속수무책이다. 미세먼지가 나날이 심해지지만 아무런 해결책이 없다. 이것이 인간의 한계이다. 이처럼 인간은 언제나 도저히 할 수 없는 한계 상황이 있기 마련이다. 그러나 하나님의 매뉴얼 속에는 그것을 뛰어넘는 하나님의 권능이 있다. 그렇기에 하나님의 권능을 잘 따르는 믿음이 필요하다. 직접 만드시고 인도하는 능력의 손길을 인정해야 한다는 말이다.

마지막으로 하나님의 매뉴얼에는 그분의 뜻이 있다. 성경에는 하나님의 뜻이 담겨있다. 하나님의 마음이 담겨있는 것이다. 하나님은 세우는 자와 버리는 자의 기준을 분명히 세워 놓으셨다. 하나님은 그 기준에 따라 정확히 하나님의 뜻을 이뤄 가신다. 즉 작정하신 대로 일을 이루시는 분이다. 그렇다면 하나님은 어떤 이유로 바로를 꺾으려고 하셨던 걸까?

> 무릇 마음이 교만한 자를 여호와께서 미워하시나니 피차 손을 잡을지라도 벌을 면하지 못하리라 잠 16:5

바로의 교만 때문이다. 당시 바로는 자신이 태양의 아들이라고 믿었고 백성으로부터 신의 아들로 숭배를 받아왔다. 그래서 바로는 하나님을 인정하지 않았다. 하나님을 인정하지 않으니 하나님보다 높아질 수밖에 없었다. 하나님은 교만을 가장 싫어하는 분이니 이런 교만한 마음을 품은 바로를 그냥 두실 리가 없었다. 그래서 여러 재앙을 통해 그를 징계하셨던 것이다. 잊지 말자. 하나님은 교만한 자는 버리시지만, 겸손한 자는 반드시 세우는 분이다.

우리가 깨달아야 하는 진리도 바로 이것이다. 언제나 하나님 앞에서 겸손해야 한다는 사실이다. 하나님은 그분의 뜻대로 반드시 이루신다. 겸손하게 하나님만 붙드는 자는 반드시 세우지만, 하나님이 없어도 괜찮다는 교만이 나타나기 시작하면 하나님은 그를 버리신다. 겸손한 자는 하나님의 뜻을 순응하고 받아들이지만, 교만한 자는 하나님의 뜻과 인도하심을 거부하기 때문이다.

하나님이 우리에게 요구하는 것은 오늘날도 동일하다. 하나님은 우리 각자에게 물으신다. 그리고 각자에게 하나님의 길을 제시하신다. 우리가 이 진리를 신뢰한다면 하나님의 말씀인 그분의 매뉴얼을 따르면 된다. 그분의 매뉴얼엔 분명한 기준과 놀라운 능력이 있음을 잊지 말고, 그 뜻을 이루기 위해 오직 겸손함으로 나아가면 된다. 반드시 그가 이루실 것이다.

소유권의 핵심

한 사고뭉치 아들이 아버지 앞에 서 있다. 그런데 웬일인지 아버지는 아들을 야단치지 않고 "아들아, 너를 잘못 키운 이 아버지의 잘못이다. 혼나야 할 사람은 네가 아니라 바로 나다."라고 하며 회초리로 자신의 종아리를 피가 나도록 내리쳤다. 그러자 아들은 아버지의 손을 잡으며 용서를 구했다.

"아버지, 제가 잘못했습니다. 다시는 안 그럴 테니 제발 그만하세요."

20년 후, 그 아들이 커서 아버지가 됐다. 그런데 그의 아들 역시 똑같은 말썽꾸러기였다. 그는 자신의 어린 시절을 떠올리며 아버지의 훈육 방법으로 아들을 가르쳐야겠다고 생각했다. 그래서 아들 앞에서 자신의 종아리를 내리치며 소리쳤다.

"아들아! 이 아빠가 너를 잘못 키워서 미안하구나. 혼나야 할 사람은 네가 아니라 이 아버지다."

그 모습을 본 아들이 뛰쳐나가며 소리쳤다.

"엄마, 큰일 났어요. 아빠가 이상해요! 제정신이 아닌 거 같아요."

우습고 어이없지만 아버지의 뜻을 전혀 헤아리지 못한 어리석은 아들의 모습이다. 못 알아듣는 대상에게는 아무리 훌륭한 말을 해줘도 절대 통하지 않는다.

출애굽 과정에도 이런 일이 있었다. 하나님이 모세와 아론을 통해 애굽의 왕인 바로에게 하나님의 뜻을 전달한다. 그러나 바로는 하나님의 뜻을 전혀 알아듣지 못하고 계속 자신의 고집만 피웠다. 그래서 하나님은 하나님의 뜻을 알아듣지 못하는 바로에게 세 가지 재앙을 통해 자신의 뜻을 전달하게 된다. 하나님이 재앙을 내리셨던 이유는 바로가 빨리 하나님의 뜻을 알아듣고 돌이키길 바라는 하나님의 사인[sign]이었다. 그런데도 바로는 자신의 고집을 꺾지 않았다. 그래서 다시 네 번째 하나님의 재앙을 맞이하고 말았다.

> [21]네가 만일 내 백성을 보내지 아니하면 내가 너와 네 신하와 네 백성과 네 집들에 파리 떼를 보내리니 애굽 사람의 집집에 파리 떼가 가득할 것이며 그들이 사는 땅에도 그러하리라 [22]그 날에 나는 내 백성이 거주하는 고센 땅을 구별하여 그 곳에는 파리가 없게 하리니 이로 말미암아 이 땅에서 내가 여호와인 줄을 네가 알게 될 것이라 출 8:21~22

승리가 시작되다

네 번째 재앙은 파리떼였다. 그런데 이 네 번째 재앙에는 이스라엘 백성을 향한 하나님의 특별한 보호하심이 있었다. 애굽 온 땅에는 파리떼가 무수히 많이 생길 것이나 놀랍게도 하나님의 백성이 거주하는 고센 땅에는 파리떼가 없게 할 것이라고 말씀하셨다. 이것으로 하나님의 살아계심과 하나님의 뜻을 바로에게 분명히 알리시겠다는 계획이었다.

이어 바로에게 "내가 여호와인 줄을 네가 알게 될 것이라"라고 말씀하신다. 하나님의 이름 즉 여호와는 영원부터 영원까지 능동적으로 계신 분으로 완전하시며 또 변함없이 약속을 이루시는 분이라는 의미이다. 하나님은 그분의 계획을 반드시 이루는 분이며, 그것으로 하나님이 지금도 일하고 계심을 분명히 보여주시겠다는 뜻이기도 하다.

그렇다면 하나님은 네 번째 재앙으로 무엇을 알려주시길 원하셨을까?

첫째, 소유권의 개념이다. 바로는 거듭되는 재앙에도 불구하고 여전히 말씀에 순종하지 않았다. 이에 하나님은 바로에게 파리떼로 애굽 온 땅을 뒤덮게 하리란 말씀을 하신다. 하나님은 무턱대고 바로 왕에게 재앙을 내리시지 않았다. 전제조건을 먼저 말씀하셨다. 하나님의 백성을 지금 반드시 내보내라고 말이다. 그런데도 계속 하나님의 말씀을 저버리는 바로에게 하나님은 다시 파리떼의 재앙을 내리시겠다고 경고하신다.

하나님은 왜, 바로가 이스라엘 백성을 보내지 않는 것에 대해 이처럼 엄중한 심판을 하셨을까?

> 세계가 다 내게 속하였나니 너희가 내 말을 잘 듣고 내 언약을 지키면 너희는 모든 민족 중에서 내 소유가 되겠고 출 19:5

바로 이스라엘 백성이 하나님의 소유이기 때문이다. 하나님의 소유인 이스라엘 백성을 주인인 하나님이 돌보는 것은 너무도 당연한 일이다. 그런데 바로는 하나님의 말씀을 거부하고 마치 이스라엘 백성이 자신의 소유인 양 돌려보내지 않으려고 했다. 그 때문에 바로에게 엄중한 심판을 내린 것이다.

하나님은 바로에게 하나님의 소유권에 대한 권리를 명시하신다. 이스라엘 백성은 하나님의 자녀요, 하나님의 소유이다. 그러니 바로는 하나님이 원하실 때 그 즉시 이스라엘 백성을 하나님께 돌려 드려야만 했다. 그러나 바로는 그렇게 하지 않았다. 거듭해서 하나님의 백성을 놓아주라고 말씀하셨는데도 불구하고 바로가 응하지 않자 하나님의 진노가 애굽 땅에 내려진 것이다. 결국 바로 왕 한 사람의 잘못된 선택으로 애굽 땅에 있는 모든 애굽 사람이 엄청난 고통과 고난을 겪게 됐다.

계속된 고통과 고난은 바로 왕이 제대로 깨닫지 못한 하나님의 소유권에 관한 판단 때문이었다. 이러한 소유권에 대한 관점의 충돌은 우리 삶에서도 항상 일어난다. 소유권의 핵심은 '누구의 것인가?'에 있다. 먼저 우리 생명의 소유권은 누구에게 있는가? 우리의 생명이지만, 그 소유권은 하나님께 속했다. 건강과 자녀, 기업, 재능과 물질 등 우리에게 주어진 모든 것은 하나님이 잠시 우리에게 맡겨놓으신 것이다. 모든 소유권은 하나님께 있다는 말이다. 하나님은 맡긴 분이고, 우리는 맡은 자이다. 맡은 자는 맡긴 자가 달라고 하면 언제든 기꺼이 내주는 것이 당연한 이치이다. 만약 거절한다면 법적인 처벌을 받거나 몰매를 맞게 된다.

모든 물질 가운데 그 소유가 하나님께 있음을 특별히 구분하신 것이 있다. 바로 십일조다. 십일조는 재산이나 소득의 10분의 1을 하나님의 것으로 구분하여 드리는 것을 말한다. 믿음의 조상이자 복의 근원인 아브라함이 당시 멜기세덱 제사장에게 십일조를 구분하여 드린 것에서 시작됐다.

> 너희 대적을 네 손에 붙이신 지극히 높으신 하나님을 찬송할지로다 하매 아브람이 그 얻은 것에서 십분의 일을 멜기세덱에게 주었더라 창 14:20

야곱도 광야에서 살아계신 하나님을 만난 후, 진지한 고백을 올리는데 바로 하나님의 것을 분명히 돌려 드리겠다는 십일조의 고백이었다.

> 내가 기둥으로 세운 이 돌이 하나님의 집이 될 것이요 하나님께서 내게 주신 모든 것에서 십분의 일을 내가 반드시 하나님께 드리겠나이다 하였더라 창 28:22

 말라기 선지자는 십일조를 드리지 않는 자를 하나님의 소유권을 인정하지 않는 자로 여겼다. 그리고 하나님의 것을 자신의 것으로 생각하기에 '도둑질한다.'라고 표현한다.

> 사람이 어찌 하나님의 것을 도둑질하겠느냐 그러나 너희는 나의 것을 도둑질하고도 말하기를 우리가 어떻게 주의 것을 도둑질하였나이까 하는도다 이는 곧 십일조와 봉헌물이라 말 3:8

 애굽 땅에 내려진 재앙의 원인은 바로가 하나님의 소유권을 계속 인정하지 않았기 때문이다. 그런데 첫 번째부터 세 번째 재앙까지는 모두 물과 땅에서 일어난 일이었다. 그러나 넷째 재앙인 파리떼는 공중에서 일어난 재앙이다. 바로가 거절하는 횟수가 늘어날수록 내리시는 재앙의 범위 또한 점점 더 커지는 것을 보게 된다. 다시 말해 바로가 하나님의 소유권을 계속해서 인정하지 않자 하나님의 진노도 점차 커져 고통과 고난이 더 심해졌다.

 하나님이 내리신 여러 재앙은 분명한 하나님의 소유권을 보여주시려는 방법이다. 소유권에 대한 분명한 인식은 내 것과 하나님의 것을 정확히 구분하고 인정하는 믿음에서 시작된다.

둘째, 애굽 땅에 내려진 파리떼의 재앙으로 하나님은 구별하심을 알게 하셨다. 네 번째 재앙으로 애굽에서 사람 사는 곳이면 그 어디나 예외 없이 파리떼가 가득했다. 문제는 애굽 땅에 애굽 백성만 산 것이 아니란 데 있다. 이스라엘 백성마저도 심한 피해를 볼 수 있는 상황이었다.

하지만 놀랍게도 하나님은 그분의 방법으로 이 엄청난 파리떼의 재앙에서 이스라엘 백성을 보호하셨다. 이스라엘 백성이 거주하는 고센 땅을 특별히 구별함으로 그곳에는 파리떼가 없게 하신 것이다. 하나님의 말씀을 거역하는 악한 애굽을 심판하실 때도 그 가운데 거하는 하나님의 백성은 심판의 화를 당하지 않도록 보호하셨다는 사실이다.

> 그 날에 나는 내 백성이 거주하는 고센 땅을 구별하여 그 곳에는 파리가 없게 하리니 이로 말미암아 이 땅에서 내가 여호와인 줄을 네가 알게 될 것이라 출 8:22

하나님은 구별하는 분이다. 이스라엘 백성이 사는 고센 땅을 구별하신 하나님, 하나님의 백성과 세상 사람을 구별하시고 죄와 사망 그리고 어둠의 세력으로부터 구별하는 분이 바로 우리 하나님이다. 당시 고센 땅은 지리적 환경으로 볼 때 가장 먼저 재앙이 임해야 하는 곳이었다. 고센은 나일강 하류 삼각주에 있는 습지로 평소 애굽의 다른 곳보다 파리 같은 벌레가 많이 발생하는 곳이었다. 그러나 이런 위치적 특성에도 불구하고, 고센 땅에는 단 한 마리의 파리도 없게 하나님이 특별히 구별하셨다. 하나님이 고센 땅을 보호하신 것이다.

구별하는 하나님을 출애굽기 14장에서도 볼 수 있다. 홍해 바다 앞에 서 있는 이스라엘 백성과 그들을 쫓아오는 애굽의 모습을 통해 말이다.

> [19]이스라엘 진 앞에 가던 하나님의 사자가 그들의 뒤로 옮겨 가매 구름 기둥도 앞에서 그 뒤로 옮겨 [20]애굽 진과 이스라엘 진 사이에 이르러 서니 저쪽에는 구름과 흑암이 있고 이쪽에는 밤이 밝으므로 밤새도록 저쪽이 이쪽에 가까이 못하였더라 출 14:19-20

저편에서 이편으로 오지 못하도록 하나님이 구별하여 막으셨다. 이처럼 하나님은 구별하여 막으시고, 구별하여 보호하는 분이다.

셋째, 기도에는 반드시 응답하는 분임을 알게 하신다. 네 번째 재앙으로 애굽의 온 땅에 파리떼가 가득해지자 모든 애굽 백성이 몹시도 고통스러워했다. 이 고통이 얼마나 심했던지 바로가 모세와 아론을 불러 이스라엘 백성을 그만 놓아주겠다고 말할 지경에 이르렀다.

> ²⁵바로가 모세와 아론을 불러 이르되 너희는 가서 이 땅에서 너희 하나님께 제사를 드리라
> ²⁸바로가 이르되 내가 너희를 보내리니 너희가 너희의 하나님 여호와께 광야에서 제사를 드릴 것이나 너무 멀리 가지는 말라 그런즉 너희는 나를 위하여 간구하라 출 8:25, 28

'너희는 가서 너희 하나님께 제사를 드리라.'라는 말은 그 당시 바로 왕이 얼마나 큰 고통에 있었는지를 보여준다. 그러면서 모세에게 자신을 위해서 이 고통을 없애는 기도를 해달라고도 요청하기까지 한다. "너희는 나를 위하여 간구하라"라는 말이 그것이다. 바로는 극심한 고통에서 벗어나기 위해 모세에게 기도 부탁을 했다. 그런데 문제는 따로 있었다. 모세가 기도하면 이 엄청난 파리떼가 즉각 사라지느냐는 것이다. 불가능해 보이는 현실 앞에서 모세는 어떻게 했을까?

> ³⁰모세가 바로를 떠나 나와서 여호와께 간구하니 ³¹여호와께서 모세의 말대로 하시니 그 파리 떼가 바로와 그의 신하와 그의 백성에게서 떠나니 하나도 남지 아니하였더라 출 8:30~31

"하나님, 이 파리떼가 사라지게 할 수 있음을 믿습니다!"

모세의 기도에는 분명한 믿음이 있었다. 그 믿음으로 모세가 기도하자 놀랍게도 많던 파리떼는 남김없이 모두 사라졌다.

"여호와께서 모세의 말대로 하시니"라는 말은 곧 '모세의 기도대로 하셨다.'라고 이해할 수 있다. 하나님은 우리가 기도한 대로 응답하는 분임을 분명히 보여준다. 인간의 판단으로는 엄청난 자연재해로 느껴지는 이 파리떼를 해결할 방법은 전혀 없어 보였다. 그런데 놀랍게도 모세가 기도하자 그대로 응답하신 하나님을 보게 된다.

그렇다. 기도는 하나님의 능력이 발현되는 출발점이다. 제아무리 절대 권력의 바로 왕이라고 하더라도 그에게는 문제를 해결할 방법이 전혀 없었다. 그러나 모세의 기도는 애굽의 온 땅에 내린 재앙을 단번에 그치게 했다. 이처럼 우리에게 꼭 필요한 것이 있다면, 그것은 바로 믿음으로 기도하는 것이다.

우리가 가진 모든 것의 소유권은 내가 아닌 하나님께 있다. 우리 삶의 주인이신 그 하나님이 우리를 구별하고 보호하신다. 믿음으로 구하는 모든 기도를 들으시며 선하게 이루신다. 하나님의 소유권을 인정하는 자마다 그 특별한 역사를 경험하게 될 것이다.

하나님이 원하시는 믿음

한 기업에서 신입사원들을 공개 채용하면서 설문조사를 했다. 회사에서 생존하며 잘 성장하기 위해 무엇이 가장 중요할 것인가에 대한 내용이었다. 학벌, 적성, 업무 능력, 인간관계, 비전, 경험 등의 항목을 나열한 뒤에 우선순위를 뽑으라고 했다. 과연 어떤 결과가 나왔을까? 바로 인간관계, 무려 40%의 사람들이 인간관계가 가장 중요하다고 응답했다. 이유가 뭘까. 인간은 사회적 동물이니 공동체 생활을 통해 모든 분야에서 성장할 수 있음을 공감했기 때문이다. 공동체의 중요성이 점점 부각되는 이유도 바로 이런 맥락에서이다.

교회 역시 하나의 공동체이다. 그래서 원하든 원하지 않든 다양한 사람들을 만나게 되고, 이때 무엇보다 중요한 것이 관계성이다. 서로 좋은 관계성을 맺으면 삶이 평안해지고, 공동체도 더불어 행복해지는 것이다. 하지만 이런 긍정적인 인간관계보다 더 중요한 것이 있다. 바로 신앙의 대상인 하나님과 어떤 관계성을 유지하고 있는가 하는 것이다. 영적으로 하나님과의 관계성이 잘 유지돼있다면 하나님이 원하시는 것이 무엇인지 바로 깨닫게 된다. 하나님의 뜻하심과 원하심을 바로 따를 수 있고 하나님과 올바른 소통을 하게 된다는 말이다. 때문에 무엇보다 하나님과의 바른 관계 속에서 하나님이 원하시는 것이 무엇인지를 깨닫는 것이 중요하다.

출애굽기 9장에는 하나님이 애굽에 내리신 다섯 번째 재앙에 대해서 기록하고 있다. 하나님은 모세를 통해 바로에게 애굽에 살아있는 가축, 곧 말과 나귀와 약대와 우양에게 악질이 생기는 재앙을 내리시겠다고 예고하셨다. 그리고 그 다음 날, 정말 악질을 보내셔서 애굽에 있는 모든 살아있는 가축을 죽게 만드셨다.

> 이튿날에 여호와께서 이 일을 행하시니 애굽의 모든 가축은 죽었으나 이스라엘 자손의 가축은 하나도 죽지 아니한지라 출 9:6

실로 엄청난 재앙이다. 애굽 땅의 모든 살아있는 가축이 한 순간에 다 죽어버린 어마어마한 사건이었다. 그런데 놀라운 사실은 애굽에 있는 모든 가축은 다 죽었는데, 이스라엘 백성의 가축은 단 한 마리도 죽지 않았다는 것이다. 둘 다 똑같이 애굽 땅에 있는 가축인데도 말이다. 이것은 무엇을 의미하는가? 이 어마어마한 재앙은 우연히 발생한 사건이 아니라 하나님이 작정하시고 행하신 초자연적 심판이라는 사실이다.

놀랍게도 하나님과 관계가 전혀 형성되지 않은 애굽에는 엄청난 재앙이 닥쳐 고난을 당했지만, 하나님과 바른 관계가 형성된 이스라엘 백성은 하나님의 보호하심으로 큰 재앙을 피해 안전했다. 똑같이 애굽 땅에 진노가 내렸으면 모두가 죽거나 모두가 살아야 하는데, 하나님과 어떻게 관계를 맺었느냐에 따라 그들의 생사가 결정된 것이다.

우리는 이 사건을 통해 하나님이 원하신 바와 의도하심은 무엇일까를 생각해봐야 한다. 하나님이 우리에게 원하시는 믿음은 무엇일까?

> 여호와께서 모세에게 이르시되 바로에게 들어가서 그에게 이르라 히브리 사람의 하나님 여호와께서 말씀하시기를 내 백성을 보내라 그들이 나를 섬길 것이니라 출 9:1

첫 번째는 사명을 행함에 있어 포기하지 말고 또다시 도전하라는 것이다. 당시 애굽에는 이미 네 번의 재앙이 임했던 상태였다. 그런데도 바로 왕은 여전히 완악해서 하나님의 요구에 응하지 않았다. 그래서 이스라엘 백성을 내보내지 않은 것이다. 이런 상황에서 하나님은 모세에게 또 말씀하신다.

"모세야, 다시 애굽의 바로 왕에 가서 이제는 다섯 번째 재앙을 준다고 분명히 말하여라."

하나님은 모세에게 다시 바로 왕에게로 가서 자신의 백성을 내보내라는 하나님의 말씀을 또 전하라고 하셨다. 그런데 당시 모세에게 바로 왕은 굉장히 위협적인 존재였다. 바로가 무소불위의 권력자이기도 했지만, 이미 모세 때문에 여러 가지 재앙이 애굽에 벌써 네 번이나 임한 터였으니 바로 왕은 모세의 얼굴을 보기도 싫었을 거다. 그러니 모세는 이제 바로가 자신에게 어떻게 할지를 짐작하고도 남았다. 아마도 모세는 바로의 바자만 들어도 도망가고 싶을 정도로 공포를 느꼈을지도 모른다. 그런데 이런 상황에서 하나님이 다시 모세로 하여금 바로 왕에게 직접 가서 하나님의 뜻을 전하라고 하셨다. 모세에게는 죽음으로 걸어가라는 말과 조금도 다를 바 없는 말씀이었다.

이런 상황임에도 불구하고 하나님이 모세에게 기대하신 것은 끝까지 이 사명을 위해서 도전하라는 것이었다. 도저히 자신의 사명을 감당할 수 없음에도 불구하고 기꺼이 감내하는 모세의 모습을 하나님은 눈여겨보고 계셨다.

사실 지금 모세는 도저히 갈 수 없다. 간다면 제 발로 죽으러 가는 것이 확실했다. 그런데 모세는 또 사명에 도전했다. 그렇다. 자신의 환경을 뛰어넘을 때 사람은 감동을 주는 존재로 거듭난다. 성경 속의 모든 역사는 이처럼 하나님을 감동시킨 사람을 통해 일어났다. 때로는 우리가 힘이 들어 도저히 할 수 없다 할지라도 하나님의 사명이라면 모세처럼 또 도전하는 믿음을 가져야 한다. 일반적으로 사람은 힘든 일을 끝까지 해내기가 참 어렵다. 그러나 그 어려움을 넘어 도전할 때 하나님과 사람을 감동시킬 수 있다.

두 번째는 모든 소유의 주인이 하나님이라는 사실을 기억하라는 것이다. 당시 하나님은 모세를 통해 하나님의 말을 듣지 않는 애굽 왕을 향해 그분의 뜻을 전달하게 만드셨다. 이번에도 하나님의 말을 듣지 않고 하나님의 백성을 놓아주지 않는다면, 하나님이 그분의 재앙으로 애굽 땅에 있는 살아 있는 모든 짐승 곧 말과 나귀, 약대와 우양에게 악질이 임하게 해 죽이겠다는 경고였던 것이다.

> ²네가 만일 보내기를 거절하고 억지로 잡아두면 ³여호와의 손이 들에 있는 네 가축 곧 말과 나귀와 낙타와 소와 양에게 더하리니 심한 돌림병이 있을 것이며 출 9:2-3

하나님이 예고하셨다. 그 당시 말은 모두 군사 목적으로 이용됐고, 나귀는 단거리 수송과 경작용으로 사용됐다. 그리고 약대는 장거리 수송할 때 필요한 동물이었다. 이런 동물들이 애굽에 여러모로 큰 가치가 있었음은 당연했다. 그런데 이렇게 가치가 큰 가축들을 하나님이 전부 다 죽이겠다는 것이다. 이것은 군사와 경제적으로 나라에 큰 혼란과 재앙이 임할 것이란 예고였다.

이것은 무엇을 의미하는가? 그들이 그렇게 소중하게 여기는 가축이지만 이 모든 것도 결국 하나님이 주관하신다는 사실을 일깨워준다. 즉 모든 소유의 주인은 애굽 사람이 아니라는 것이다. 아무리 말들을 잘 훈련시키고, 나귀를 많이 키우고, 약대를 많이 가지고 있을지라도 진짜 주인인 하나님이 한 번 치시면 살아있는 동물이 모조리 죽고 만다는 상징이기도 했다.

> 이튿날에 여호와께서 이 일을 행하시니 애굽의 모든 가축은 죽었으나 이스라엘 자손의 가축은 하나도 죽지 아니한지라 출 9:6

결국 하나님은 말씀대로 애굽 땅의 모든 가축의 생명을 거두셨다. 아무리 잘 훈련된 말이 많은들, 낙타와 소가 아무리 많은들 무슨 소용이란 말인가? 하나님이 한번 행하시니 저들이 그렇게 자랑하던 경제와 군사의 토대가 한순간에 무너지고 말았다. 당시 바로 왕은 더 강한 국가를 만들기 위해서 많은 가축을 군사나 경제를 강화하는 데 사용했다. 그러나 하나님의 징계로 애굽에 있는 군사와 경제는 한순간에 무너졌다. 그렇다. 소유라는 것은 하나님이 지켜주실 때만 유효하다. 즉 하나님은 채워주시기도 하지만 때론 한순간에 모든 걸 거둬 가시는 분임을 기억해야 한다. 우리가 가진 모든 것의 주인은 내가 아니라 바로 하나님이기 때문이다. 그 사실을 일깨워주기 위해 때론 모든 것을 거두기도 하신다는 말이다.

다시 말해 하나님은 지키시기도 하고 한순간에 거두어 가시기도 한다. 그러니 내게 주신 것이 많든 적든 그것 가지고 감사하며, 그 소유를 하나님의 영광을 위해 사용할 줄 아는 믿음이 필요하다. 자신이 움켜쥔다고 해서 결코 채워지는 것이 아니다. 부으시는 하나님의 은혜가 있어야만 채워지고, 나눌 수 있게 되고, 보호되는 것이다. 세상 사람들은 자기가 소유한 재물을 자신의 자랑으로 삼고 심지어 숭배하기까지 한다. 그것도 모자라 재물을 얻기 위해서 온갖 더럽고 악한 일을 서슴지 않는다.

그러나 하나님의 성도들은 소유의 주인이 그분임을 바로 알아야 하고, 또한 재물을 섬겨서도 안 된다. 성도는 오직 그 재물의 주인이신 하나님을 섬기고, 하나님을 사랑하고, 하나님의 뜻에 따라 나누고 베풀며 섬기는 삶을 살아야 한다고 성경은 우리에게 말한다.

세 번째로 우리에게 주시는 하나님의 뜻은 무엇일까? 그것은 하나님이 기한과 기회를 주신다는 사실이다. 하나님은 그분의 진노를 내릴 때 그냥 일방적으로 내리지 않았다. 반드시 정하신 기간과 기회를 주셨다.

> 여호와께서 기한을 정하여 이르시되 여호와가 내일 이 땅에서 이 일을 행하리라 하시더니 출 9:5

기한이라는 말은 히브리 원어로 '모에드(מוֹעֵד)'이다. 이는 정해진 때를 지칭할 때 사용하는 말이다. 애굽에 임하게 될 재앙이 그 땅에 일시적으로 나타난 자연 발생적인 사건이 아니라 하나님의 철저한 주도권 속에서 필연적으로 일어날 사건임을 의미한다.

하나님은 그들이 빨리 돌이키고 돌아오기를 원하셨다. 그래서 정한 시간 즉 내일이라는 시간을 주셨다. 하나님은 언제나 우리에게 기한을 먼저 주신다. 그리고 기회도 주신다. 우리가 돌아오기를 원하기 때문이다. 그래서 바로 왕을 다섯 번째 재앙으로 치기 전에도 기한과 기회를 분명히 주셨다.

노아 시대에도 하나님은 그렇게 행하셨다. 그 당시 사람들이 너무 악한 탓에 하나님은 이 땅을 멸하려고 하셨다. 그래서 노아에게 120년 동안 방주를 짓게 하셨다. 그걸 보고 사람들이 죄악에서 돌이키길 원하셨기 때문이다. 그런데 이 모습을 보고도 그 누구 하나 돌이키는 사람이 없었다. 결국 노아의 방주에 노아의 온 가족이 다 들어가고 난 후, 정한 기간 즉 7일 동안의 마지막 기회를 주셨다. 7일 동안 이 방주 안으로 들어온 자는 살 수 있었다. 그러나 사람들은 어리석게도 그 기한과 기회를 모두 놓치고 말았다.

> 지금부터 칠 일이면 내가 사십 주야를 땅에 비를 내려 내가 지은 모든 생물을 지면에서 쓸어버리리라 창 7:4

수많은 기한과 기회를 줬지만 다른 모든 사람은 이것을 놓치고 말았다. 결국 기회를 놓친 그들이 어떤 결과를 맞이했는지를 우리는 잘 알고 있다.

요나서에도 하나님은 죄악으로 가득한 니느웨를 향한 심판을 예보하셨다.

> 요나가 그 성읍에 들어가서 하루 동안 다니며 외쳐 이르되 사십 일이 지나면 니느웨가 무너지리라 하였더니 욘 3:4

하나님은 요나를 보내셔서 저들이 빨리 돌아오기를 원하는 하나님의 계획을 알려주셨다. 이렇듯 하나님은 언제나 진노하시기 전에 돌이킬 수 있는 기한과 기회를 먼저 주신다. 마치 부모가 자녀에게 매를 댈 때처럼 말이다. 자식이 빨리 부모 앞으로 와서 잘못했다고 하길 바라는 것이 부모의 마음이다. 그런데 부모가 기다렸는데도 돌아오지 않을 때는 가차 없이 그 자식을 위해서 매를 들게 된다. 이처럼 하나님도 우리가 늘 말씀을 통해 깨닫고 돌아오기를 원하신다.

하나님이 주신 기한을 놓치지 말아야 한다. 그리고 하나님의 놀라운 계획을 깨달아 빨리 돌아가야 한다. 그 기회를 놓치는 어리석음을 보여서는 안 된다는 말이다.

성경은 기한과 때를 말하고 있다. 심을 때가 있으면 반드시 거둘 때가 있다는 것이다.

> ¹범사에 기한이 있고 천하 만사가 다 때가 있나니 ²날 때가 있고 죽을 때가 있으며 심을 때가 있고 심은 것을 뽑을 때가 있으며 전 3:1~2

하나님이 우리에게 말씀하신다. 기회도 주신다. 그리고 그 기회를 놓치지 말라고 계속 말씀하신다. 바로에게 정하신 때와 기회는 바로 내일이었다. 돌이키면 하나님이 진노를 내리지 않으실 테지만, 돌이키지 않는다면 가차 없이 진노를 내릴 터라고 말씀하셨다. 그러나 돌이키지 않은 바로를 향해 하나님은 그분의 단호한 징계를 내리셨다.

오늘도 하나님은 말씀을 통해 우리에게 사인sign을 주신다. 그 사인 속에 나타난 하나님의 원하심이 무엇인지를 다시금 깨달아 어떤 사명이 주어질지라도 그 사명을 끝까지 붙들어야 한다. 또한 우리의 소유는 우리에게 있지 않다. 하나님이 모든 것의 소유주이심을 기억해야 한다. 그리고 만약 하나님이 우리에게 어떤 기간과 기회를 주셨다는 사실을 발견한다면, 그 즉시 하나님께로 돌아가야 한다. 그러면 애굽에 내렸던 진노가 아니라 이스라엘에 임했던 하나님의 복된 보호하심이 우리와 늘 함께할 것이다. 하나님이 원하시는 것은 바로 그것이다.

여호와께서 모세에게 이르시되

너는 바로에게 가서 그에게 이르기를
여호와의 말씀에 내 백성을 보내라
그들이 나를 섬길 것이니라

_출 8:1

모세가 백성에게 이르되

너희는 두려워하지 말고 가만히 서서
여호와께서 오늘 너희를 위하여
행하시는 구원을 보라
너희가 오늘 본 애굽 사람을
영원히 다시 보지 아니하리라

_출 14:13

Chapter 3
승리를 이루다

신앙의 고정관념을 깨라

서양동화 중에 『핑크 대왕 퍼시$^{Percy\ the\ Pink}$』라는 재미있는 작품이 있다. 주인공은 이름처럼 핑크색을 광적으로 좋아하는 인물이다. 그래서 자신이 소유한 모든 것의 색깔이 핑크였고, 심지어 매일 먹는 음식까지도 핑크색일 정도였다. 핑크 대왕은 거기서 만족하지 않고 백성의 모든 소유물까지 핑크색으로 싹 다 바꾸라는 법을 만들었다. 법이 만들어진 이후 백성은 옷이며 그릇, 가구에 이르기까지 모든 것을 핑크색으로 바꾸었고, 정원에 있는 각종 풀이나 꽃과 애완동물까지도 핑크색으로 염색하는 진풍경이 펼쳐졌다. 핑크 대왕 퍼시의 법 때문에 온 나라가 핑크색 천지였다.

그런데 단 한 곳, 핑크색으로 바꾸지 못한 것이 있었으니 바로 하늘이었다. 핑크 대왕은 하늘도 핑크색으로 바꾸고 싶었지만 노저히 바꿀 수가 없었고, 급기야 유명한 스승을 찾아가 조언을 구했다. 이 문제를 놓고 밤낮으로 고심한 스승은 마침내 하늘을 핑크색으로 바꿀 수 있는 묘책을 만들어냈다. 스승은 왕을 찾아가 그토록 바라마지 않던 핑크색 하늘을 만들었으니 한번 보라고 했다. 그런데 이게 어찌 된 일인가! 스승의 말처럼 하늘과 구름이 온통 핑크색으로 바뀐 것이다.

정말 스승이 마술이라도 부려 하늘을 핑크색을 바꿔놓은 걸까? 아니다. 스승이 한 일은 단지 핑크색 렌즈를 끼운 안경을 만들어 대왕에게 씌운 것뿐이다. 핑크 대왕은 크게 기뻐하며 매일 핑크 안경을 끼고 행복한 나날을 보냈다. 백성들도 더는 핑크색 옷을 입거나 동물들을 핑크색으로 염색하지 않아도 됐다. 핑크 안경을 낀 대왕의 눈에 세상은 모두 핑크색이었으니 말이다.

 우리가 종종 사용하는 프레임이라는 단어가 있다. 어떤 문제를 바라보는 관점 또는 세상을 보는 마인드를 의미한다. 그리고 사람에 대한 어떤 고정적인 관념을 프레임이라 지칭하기도 한다. 즉 어떤 관점과 마인드의 고정관념을 갖고 있는 상태를 통괄해 프레임이라 말하는 것이다. 마치 핑크 대왕 퍼시처럼 자신이 원하는 렌즈 색깔의 안경을 쓰고 세상을 바라보는 것처럼 말이다.

 우리 내면에는 이런 프레임이 자리하는데 문제는 이것이 신앙까지 들어와 있다는 점이다. 그래서 성경 속에 나타난 하나님을 하나님으로 보지 못하고, 말씀을 말씀으로 듣지 못하며, 하나님의 세계를 그분의 세계로 받아들이지 못하는 것이다. 신앙생활을 아무리 오래 해도 끝까지 자기 프레임의 안경을 쓰고서 하나님의 영적 세계를 바라보면 제대로 보기는커녕 체험하지도 못하는 어리석은 자가 돼버리고 만다. 하나님을 믿는다 하면서도 자기 기준의 안경을 쓰고 있기에 그렇다.

 이런 어리석은 모습은 바로 왕에게서도 잘 나타난다. 바로는 하나님으로부터 이미 여러 번 재앙을 당했다. 엄청난 고통과 고난을 겪었지만, 또다시 일곱 번째 재앙을 맞이하고 만다. 참으로 어리석은 모습이다. 바로가 이토록 어리석은 모습을 보인 이유는 무엇일까?

가장 먼저, 그는 잘못된 신앙 관념을 가지고 있었다. 그렇기에 바로는 어리석었다. 그런데 바로가 누구인가? 당대 최고 국가의 최고 권력자인 그였다. 그런 그가 왜 슬기롭지 못하고 둔할까 하는 의문이 생긴다.

그것은 바로 왕 안에 잘못된 관념이 가득 차 있었기 때문이다. 하나님은 바로에게 여섯 번째 재앙인 악성종기를 내리신 그다음 날, 모세에게 또다시 말씀하셨다.

> 여호와께서 모세에게 이르시되 아침에 일찍이 일어나 바로 앞에 서서 그에게 이르기를 히브리 사람의 하나님 여호와의 말씀에 내 백성을 보내라 그들이 나를 섬길 것이니라 출 9:13

아침 일찍 바로 왕에게 가서 하나님의 뜻을 전하라고 말씀하신 것이다. 그런데 하나님은 왜 아침 일찍 가라고 하셨을까? 이 '아침 일찍'이라는 시간적 개념은 모세가 바로를 만나러 갈 때마다 하나님이 언급하셨던 단어였다.

승리를 이루다

아침에 너는 바로에게로 가라 보라 그가 물 있는 곳으로 나오리니 출 7:15

여호와께서 모세에게 이르시되 아침에 일찍이 일어나 바로 앞에 서라 그가 물 있는 곳으로 나오리니 그에게 이르기를 여호와께서 이와 같이 말씀하시기를 내 백성을 보내라 그러면 그들이 나를 섬길 것이니라 출 8:20

왜 하나님은 늘 아침 일찍이 바로 앞에 가라고 말씀하셨을까? 왜냐면 바로는 아침 일찍이 가야만 만날 수 있기 때문이었다. 그렇다면 아침 일찍 어디로 가야 바로를 만날 수 있을까 하는 의문이 생긴다. 그곳은 바로 나일강이다. 하나님은 모세에게 나일강으로 가라고 하셨다. 아침 일찍부터 바로가 나일강에 있다는 얘기이다. 그런데 여기서 또 다른 의문이 든다. 도대체 바로가 아침 일찍부터 나일강에 나간 이유는 무엇일까? 사실 바로는 당시 나일강을 관장하는 크눔이라는 신에게 제사를 지내러 간 터였다.

바로는 하나님으로부터 이미 무려 여섯 번이나 엄청난 재앙을 당했다. 그럼에도 불구하고 여전히 애굽의 신들이 하나님이 내린 재앙을 물리쳐줄 것을 믿으며 이른 아침에 나일강의 신에게 제사 지내러 나간 것이다.

이미 여섯 번의 재앙으로 바로는 힘들어질 대로 힘들어졌다. 국가의 경제력도 떨어졌고, 국민의 삶도 힘들어졌고, 왕궁에도 엄청난 피해가 생겼다. 무엇보다 바로 자신에게도 여러 심적 고통이 찾아와 이루 말할 수 없는 형편에 처했을 터였다. 그런데도 바로는 여전히 나일강의 신을 믿었다.

신앙은 믿고 받드는 일을 말한다. 그리고 관념은 어떤 일에 대한 견해와 생각을 의미한다. 그런데 이 관념은 쉽사리 변하지 않는다. 그래서 고정관념이라는 말이 있다. 고정관념은 변하지 않는 행동을 주관하는 데 결정적인 역할을 하며 그 안에는 확고한 내면 의식이 자리한다.

바로는 이런 잘못된 신앙의 고정관념을 가지고 있었다. 여섯 번의 재앙을 당했음에도 불구하고 아직도 나일강의 신이 자기를 지켜줄 것이라고 믿었기에 아침 일찍이 또 나일강에 제사를 지내러 간 것이다. 사람이 자신의 내면에 어떤 신앙의 관념을 가지고 있느냐가 이토록 중요하다. 고착화된 자신의 관념을 가진 사람은 하나님의 말씀을 말씀으로 듣지도 깨닫지도 못한다. 그분의 세계를 인정하지도 않는다. 자기가 수용하고 싶은 것만 수용하고 나머지는 수용하려는 시도조차 하지 않는다. 하나님의 영적 세계를 깨닫지 못하는 이유가 여기에 있다. 바로가 지금 그런 모습이다. 하나님이 보실 때 굉장히 어리석은 자인 것이다.

이렇게 잘못된 신앙 관념을 갖게 되면 결국 하나님의 경고를 무시하게 된다. 하나님이 이미 여섯 차례나 재앙을 내렸지만,

바로의 잘못된 신앙 관념 탓에 하나님의 뜻을 여전히 따르지 않자 급기야 전보다 더 강력한 재앙을 애굽 땅에 내리셨다.

> 내일 이맘때면 내가 무거운 우박을 내리리니 애굽 나라가 세워진 그 날로부터 지금까지 그와 같은 일이 없었더라 출 9:18

그냥 우박이 아니라 무거운 우박이라고 표현하고 있다. 하나님이 굉장히 큰 얼음덩어리를 하늘에서 쏟아 내리신다는 말씀이다. 그리고 그 우박으로 애굽 땅에 있는 모든 사람과 동물, 식물을 전부 멸하시겠다고 했다. 이 재앙이 얼마나 크고 무서웠던지 애굽에 이런 재앙은 처음이라고 기록하고 있다. 그런데 하나님은 이런 엄청난 우박의 재앙을 내리시기 전에 바로에게 경고를 하셨다.

> 이제 사람을 보내어 네 가축과 네 들에 있는 것을 다 모으라 사람이나 짐승이나 무릇 들에 있어서 집에 돌아오지 않는 것들에게는 우박이 그 위에 내리리니 그것들이 죽으리라 하셨다 하라 하시니라 출 9:19

이제 곧 감당 못할 큰 우박이 내릴 텐데 피해를 보고 싶지 않은 모든 것을 집에다 들여다 놓으라는 말씀이셨다. 그런데 이런 하나님의 경고에 두 가지의 상반된 반응이 나타났다.

> [20]바로의 신하 중에 여호와의 말씀을 두려워하는 자들은 그 종들과 가축을 집으로 피하여 들였으나 [21]여호와의 말씀을 마음에 두지 아니하는 사람은 그의 종들과 가축을 들에 그대로 두었더라 출 9:20-21

하나는 하나님의 말씀을 두려워하여 그 말씀을 받아들인 사람의 반응이다. 그들은 곧장 우박을 피할 조치를 취했다. 그러나 다른 한 부류의 사람은 하나님의 경고를 전혀 두려워하지 않았다. 그들은 하나님이 우박을 내리신다고 했어도 자신들의 관념에 비추어 그 우박의 위험성에 대한 경고를 무시했다. 결국 하나님의 경고를 무시한 자들은 모두 다 멸망했다.

그런데 여기에 놀라운 사실이 있다. 하나님이 재앙을 내리면서도 그들에 대한 긍휼함을 잊지 않았다는 사실이다. 하나님은 자비를 베풀어 저들에게 미리 경고를 주셨다. 하지만 하나님의 말씀을 믿지 않고 경고를 무시한 자들은 모두가 다 죽는 결과를 초래하고 말았다. 하나님은 일방적으로 재앙을 쏟아붓는 분이 아니다. 그분의 본심은 죄인이 회개하고 돌이키는 것이다. 문제는 늘 그분의 뜻을 모르는 우리이다.

하나님은 우리가 항상 하나님의 말씀을 듣고 순종하며 말씀대로 살기를 원하신다. 그래서 하나님의 경고를 받았을 때 그것을 무시할 것인지 아니면 받아들여서 수용할 것인지에 대한 선택은 우리에게 달렸다. 그 선택의 결과 또한 우리의 몫이다.

승리를 이루다

어찌 보면 하나님의 경고는 그분의 또 다른 사랑의 표현이다. 하지만 그런 하나님의 경고를 무시한 사람이 어떤 결과를 초래했는지는 일곱 번째 재앙에 잘 나타나 있다.

> 우박이 애굽 온 땅에서 사람과 짐승을 막론하고 밭에 있는 모든 것을 쳤으며 우박이 또 밭의 모든 채소를 치고 들의 모든 나무를 꺾었으되 출 9:25

그런데 왜 바로는 계속 하나님의 경고를 무시했을까? 다름 아닌 교만 때문이다.

> 네가 여전히 내 백성 앞에 교만하여 그들을 보내지 아니하느냐 출 9:17

"여전히"라는 표현을 통해 바로의 교만을 알 수 있다. 바로는 애굽 땅에 내린 여섯 번의 재앙을 겪었는데도 전과 조금도 다름없이 스스로 자신을 높이는 모습을 보인다. 하나님이 바로의 그런 교만함을 지적한 것이다. 그런데 바로의 교만은 결국 스스로를 멸망으로 이끄는 결과를 초래하고 말았다. 바로의 교만함을 꺾기 위해 하나님은 우박의 재앙으로 애굽 전역에 엄청난 고통을 주셨다.

그런데 여기서 우리가 다시 한번 깊이 생각해볼 문제가 있다. 바로 교만의 의미이다. 우리는 보통 어떤 사람이 교만하다고 말할 때는 잘난체하는 사람들을 일컫는 경우가 대부분이다. 반면에 성품이 좋아 뭐든지 "네네!"라고 대답하는 사람을 겸손하다고 말한다. 그러나 아무리 사람 앞에서 겸손한 사람일지라도 하나님의 말씀을 거부하는 자는 교만한 사람일 뿐이다. 사람 앞에서 겸손과 교만은 하나님 앞에서의 그것과는 전혀 다르다는 사실이다. 하나님의 말씀과 뜻을 거부하는 사람은 하나님이 보시기에 교만한 자이다. 이런 교만한 자는 결국 하나님의 진노라는 결과를 맞을 수밖에 없다.

그렇다면 하나님이 원하시는 겸손함은 무엇일까? 바로 하나님의 말씀과 뜻을 받아들이고 순종하는 데 있다. 비록 자신의 생각과 다를지라도 말이다. 우리에게 겸손의 표본을 가장 잘 보여주신 분이 바로 예수님이다. 그분은 어떤 상황에서도 자신의 겸손함을 잃지 않으셨다. 십자가에 달려 죽임을 당하는 그 순간까지도 말이다. 예수님도 인간의 육신을 가졌기에 고통스럽게 죽는 것이 얼마나 두렵고 힘들었겠는가! 힘들다는 표현으로는 그 고통의 무게를 감히 짐작할 수조차 없다. 매를 맞고 무거운 십자가를 등에 지고 머리에는 가시 면류관을 쓰셨다. 급기야 마지막에는 창에 찔려 모든 피와 물을 쏟으셨다. 가히 상상조차 하기 힘든 고통이다. 그럼에도 불구하고 그분은 끝까지 겸손하셨다. 고통 중에 하나님께 드린 간절한 기도를 통해 알 수 있다.

> 내 아버지여 만일 할 만하시거든 이 잔을 내게서 지나가게 하옵소서 그러나 나의 원대로 마시옵고 아버지의 원대로 하옵소서 하시고 마 26:39

그렇다. 아무리 내 뜻과는 다른 상황이 펼쳐질지라도 하나님의 뜻을 따르는 것이 온전한 겸손이다.

그러나 어리석은 바로는 하나님의 뜻을 거역했다. 하나님의 말씀과 경고를 모두 무시했다. 그의 아집이 너무나 큰 까닭에 잘못된 신앙 관념을 갖고 있었기 때문이다. 그 관념이 교만으로 이어져 하나님의 말씀을 계속해서 듣지 못한 것이다. 어리석게도 바로는 마지막 열 번째 재앙으로 모든 것을 다 잃고 난 후에야 깨닫는 모습을 보인다.

성경이 바로 왕에게 내린 여러 재앙을 보여주는 이유는 무엇일까? 우리는 바로가 당한 진노를 보면서 무엇을 깨달아야 할까? 우리 자신을 돌아보라는 일종의 경고 메시지이다. 여전히 우리 안에 자리한 잘못된 고정관념은 없는지, 아직도 하나님의 뜻보다 나의 경험과 상식에 의존하는 교만함은 없는지를 살펴봐야 한다. 어리석은 바로의 전철前轍을 밟아 하나님의 진노를 받는 것이 아닌, 하나님의 놀라운 기적과 은혜를 경험해야 할 것이다.

그 비결은 다른 데 있지 않다. 지나온 삶에 감사하며, 하나님의 경고를 무시하지 않고, 그분의 인도하심에 순종할 때 복된 미래를 기대할 수 있다. 그것이 믿는 자에게 이미 예정된 축복이다.

타협하지 않는 믿음

집이나 새로운 건물을 지을 때 반드시 필요한 것이 설계 도면이다. 이 설계 도면을 자세히 보면 큰 부분에서 아주 작은 부분까지 정확한 수치와 그림으로 세밀하게 표시됐음을 알게 된다. 그래서 건축 시공을 하는 사람은 이렇게 정확하고 세밀하게 그려진 설계 도면만 보고도 건축을 할 수 있다. 처음엔 설계 도면만을 보고 어떻게 건물이 지어질 수 있을까 하고 의아해하지만, 모든 건축 공정이 끝나고 나면 건축물이 설계 도면대로 완성됨을 보게 된다. 결국 한 치의 오차도 없이 그려진 대로 철두철미하게 완공된다는 사실이다.

요즘 많은 사람이 사용하는 스마트폰 앱 가운데 내비게이션이 있다. 이 앱 하나만 있으면 그 어디든 자기가 가고 싶은 목적지까지 헤매지 않고 최적의 경로로 갈 수 있다. 지금 이 순간에도 내비게이션이 지구상의 수천만 갈래의 길을 정확히 안내한다. 현대 문명의 혜택을 톡톡히 누리는 셈이다. 이 내비게이션 또한 우리를 한 치의 오차도 없이 원하는 길로 안내한다.

그렇다면 우리 인생을 한 치의 오차도 없이 올바르게 이끄는 설계 도면과 앱은 과연 무엇일까? 그것은 바로 다름 아닌 성경이다. 성경에는 한 치의 오차도 없이 이루시는 하나님의 계획과 뜻이 잘 나타나 있다.

출애굽 과정에서도 우리를 하나님의 계획대로 이끄시는 신실하심이 그대로 드러난다. 하나님은 무려 일곱 차례에 걸쳐 반복적으로 애굽 땅에 하나님의 재앙을 선포하고 내리셨다. 그런데도 완악하고 어리석은 바로 왕은 계속해서 하나님의 뜻을 거절했다. 그렇게 바로가 계속해서 거절하자 이제 하나님이 또다시 그분의 뜻을 전하려 모세와 아론을 바로에게 보내셨다. 여덟 번째로 말이다.

한두 번도 아니고 벌써 여덟 번째다. 이쯤 되니 모세 또한 인간적인 생각으로 과연 바로가 하나님의 뜻을 받아들일지 의문이 들었을 터다. 그럼에도 불구하고 모세가 또 바로에게 하나님의 뜻을 전하러 간 것은 자신에게 주어진 사명을 감당하기 위해서였다. 모세는 바로가 하나님의 말씀을 듣든지 듣지 않든지 상관없이 그저 철저하게 자신의 사명을 감당했다. 그리고 바로 앞에 연이어 나갈 때마다 죽음까지 각오했을 터다. 그런데도 모세는 담대하게 하나님의 말씀을 전했다. 그저 자신은 하나님의 대언자임을, 일하시는 분은 하나님임을 인정했기 때문이다.

우리는 모세를 통해 일하시는 하나님의 모습을 보면서 그분의 일하는 방식을 알 수 있다.

첫째, 하나님은 철저한 계획으로 일하신다. 다시 말해 하나님은 빈틈없이 모든 것을 하나하나 세밀히 계획하고 세워 이루시는 분이다. 하나님은 일곱 번째 재앙인 무거운 우박을 애굽 땅에 내려 애굽의 모든 살아있는 것에 큰 해를 끼치셨고, 이번에는 여덟 번째 재앙을 내리겠다고 경고하신다.

> 네가 만일 내 백성 보내기를 거절하면 내일 내가 메뚜기를 네 경내에 들어가게 하리니 출 10:4

여덟 번째 재앙은 다름 아닌 메뚜기를 통해서였다. 하나님은 왜 굳이 메뚜기를 재앙의 도구로 택하셨을까? 일곱 번째 우박의 재앙으로 애굽에 있는 모든 들판의 채소가 전부 죽고 말았다. 나무도 예외는 아니었다. 더는 열매를 맺지 못하게 다 꺾인 상태였다. 우박이 얼마나 무섭고도 맹렬히 쏟아졌는지 짐작되는 부분이다. 일곱 번째 재앙으로 애굽 땅에 있는 사람이나 동물의 양식이 될 만한 모든 것이 다 망가진 상태였다. 그런 상황에 다시금 메뚜기를 보내시겠다는 것이다. 왜일까?

> 메뚜기가 지면을 덮어서 사람이 땅을 볼 수 없을 것이라 메뚜기가 네게 남은 그것 곧 우박을 면하고 남은 것을 먹으며 너희를 위하여 들에서 자라나

는 모든 나무를 먹을 것이며 출 10:5

애굽에 쏟아진 엄청난 우박에도 아직 올라오는 작은 싹들은 땅에 박혀 있는 상태였다. 나뭇가지에도 작은 줄기들은 남아 있을 터였다. 그 마지막까지 갉아먹기 위해서 하나님이 메뚜기 떼를 보내셨다. 마지막 남은 모든 생명체마저 소멸하시겠다는 것이다. 이 모습을 통해 하나님은 철저하게 모든 것을 완벽하게 이루시는 분임을 알게 된다. 그리고 메뚜기 떼가 온 지면을 덮었다는 것은 애굽 땅에는 이제부터 사람이나 짐승이 먹을 것이 없어 살 수 없는 상황이 됐다는 사실 또한 말해준다.

어쩌면 바로는 일곱 번째 우박 재앙을 당하면서도 조금은 한숨 돌릴 수 있으리라 생각했을지도 모른다. 그늘진 곳이나 바위틈에는 아직 먹을 게 남았다고 예상했을지도 모른다. 그런데 상황이 달라졌다. 하나님이 여덟 번째 재앙으로 애굽에 있는 모든 채소나 풀, 나무나 양식이 될 만한 모든 것을 메뚜기를 통해 다 갉아 먹게 만들겠다는 것이다. 단 하나의 풀잎이라도 남지 못하게 할 계획이었다. 바로는 그제야 무서운 재앙이 왔음을 실감하게 된다. 하나님은 이처럼 철저하고도 완벽하게 하나씩 하나씩 점차적으로 계획을 이행하신다. 이런 하나님의 완벽하고도 철저한 계획 앞에 더는 무서워 견딜 수 없던 바로의 신하들이 왕을 찾아갔다.

> 바로의 신하들이 그에게 말하되 어느 때까지 이 사람이 우리의 함정이 되리이까 그 사람들을 보내어 그들의 하나님 여호와를 섬기게 하소서 왕은 아직도 애굽이 망한 줄을 알지 못하시나이까 하고 출 10:7

지금까지 일곱 번의 재앙이 내리는 동안 한 번도 볼 수 없던 모습이다. 바로의 신하들이 바로 왕에게 이런저런 조언을 한 적은 없었다. 그런데 하나님이 점차 완벽하게 그분의 계획을 이뤄가시자 이를 깨달은 신하들은 두려워졌다. 그래서 왕에게 빨리 저 백성을 내보내야 한다고 제안한 것이다. 바로 왕은 당시 살아 있는 신으로 숭배받던 절대 권력자였다. 그런 왕에게 감히 신하가 조언한다는 것은 곧 자신의 목숨을 내놓았음을 의미했다. 그만큼 그들은 바로의 칼보다 하나님의 심판이 더 무섭다는 사실을 이제야 깨달은 것이다.

이런 철저한 하나님의 계획하심은 오늘날 우리에게도 동일하게 역사한다. 때론 우리의 삶에 나타난 여러 가지 일을 겪으면서 왜 이런 일이 생길까 하며 의문을 가질 때가 있다. 하지만 하나님의 입장에서는 전혀 그렇지 않다. 이미 그분은 모든 계획을 세워 하나하나 이루시는 중이다. 그러니 우리는 철저하게 하나님이 계획대로 우리의 삶을 이끄심을 믿고 신뢰해야 한다. 하나님의 계획을 이해하려 하지 말고 온전히 받아들여야 한다. 그저 철저히 믿어야 한다. 그분을 신뢰하면 새로운 길이 반드시 보일 것 또한 믿어야 한다.

둘째, 하나님의 일하심에 타협이란 없다. 그분은 절대 무엇과도 누구와도 타협하지 않으신다. 애굽에 여덟 번째 메뚜기 떼의 재앙이 임하자 신하들이 바로 왕을 찾아가 조언했고, 모세를 바로 왕에게 데려갔다. 거기서 뜻하지 않은 장면이 연출된다.

> [8]모세와 아론을 바로에게로 다시 데려오니 바로가 그들에게 이르되 가서 너희의 하나님 여호와를 섬기라 갈 자는 누구 누구냐 [9]모세가 이르되 우리가 여호와 앞에 절기를 지킬 것인즉 우리가 남녀 노소와 양과 소를 데리고 가겠나이다 [10]바로가 그들에게 이르되 내가 너희와 너희의 어린 아이들을 보내면 여호와가 너희와 함께 함과 같으니라 보라 그것이 너희에게는 나쁜 것이니라 [11]그렇게 하지 말고 너희 장정만 가서 여호와를 섬기라 이것이 너희가 구하는 바니라 이에 그들이 바로 앞에서 쫓겨나니라
>
> 출 10:8-11

바로 왕이 타협안을 제시했다. 누구를 데려갈지를 묻는 바로에게 모세는 남자와 여자, 애굽 땅에서 그들이 기르던 가축 전부를 말했다. 하지만 바로는 여인들과 아이는 제외하고 장정만 데려가라고 말한다. 부인과 아이들을 애굽에 잡아놓고 장정만 내보내면, 그들이 다시 돌아올 수밖에 없음을 알고 술책을 쓴

것이다. 즉 부녀자와 아이를 볼모로 잡겠다는 속내였다.

　모세는 바로 왕이 제시한 타협안을 거절했고, 이에 바로 왕은 모세를 또 쫓아내고 만다. 모세가 만약 바로의 제안을 받아들였다면, 이스라엘 백성은 영원히 애굽의 노예가 됐을 것이다. 자식과 아내가 애굽에 있으니 혼자만 탈출한 장정들은 다시 돌아올 수밖에 없을 터였다. 모세는 이런 바로의 타협점을 냉철하게 거절했다. 하나님의 뜻을 분명히 알았기 때문이다.

　하나님이 우리에게 요구하시는 것이 바로 이것이다. 영적으로 살아가면서 타협하지 말아야 할 것은 절대 타협하지 않길 바라신다. 얼핏 생각하면 당장은 타협이 유익할 것 같은 상황이 종종 있다. 하지만 지나고 나면 영적으로 유익하지 않을 때가 대부분이다. 하나님은 언제나 영적인 것은 절대 타협하지 않고 견고히 바로 서길 원하신다. 신앙생활은 마치 고무줄과 같다. 하나님의 뜻대로 열심히 신앙생활 하는 것은 고무줄을 쭉 당긴 것과 비슷하다. 그러다 어느 순간 고무줄을 놓으면 원래 모습대로 돌아가는 것처럼 우리의 신앙생활도 이와 비슷한 모습일 때가 많다.

　그러니 신앙생활을 열심히 하는 것같이 느껴질지라도 영적으로 바로 서 있는지를 항상 유념해야 한다. 유익해 보인다는 이유로 영적으로 타협하려는 마음을 조심하라는 말이다. 건강한 영적 생활은 타협하지 않는 데 있다. 하나님의 약속을 믿고 굳건히 나아가야 한다.

바로 왕의 권력과 타협하지 않은 모세에게 하나님은 큰 응답으로 그분이 함께하신다는 사실을 나타내셨다.

> ^{13}모세가 애굽 땅 위에 그 지팡이를 들매 여호와께서 동풍을 일으켜 온 낮과 온 밤에 불게 하시니 아침이 되매 동풍이 메뚜기를 불어 들인지라
> ^{15}메뚜기가 온 땅을 덮어 땅이 어둡게 되었으며 메뚜기가 우박에 상하지 아니한 밭의 채소와 나무 열매를 다 먹었으므로 애굽 온 땅에서 나무나 밭의 채소나 푸른 것은 남지 아니하였더라 출 10:13, 15

모세를 통해서 동쪽 바람을 타고 메뚜기 떼를 보내셨는데, 이렇게 불러들인 메뚜기 떼가 얼마나 많은지 애굽 온 땅이 어둡게 되었다고 성경은 기록한다. 결국 이 메뚜기 떼가 우박을 피한 바위틈의 작은 싹마저도 모조리 다 갉아 먹어버렸다. 이처럼 애굽 땅에 극심한 피해가 생기자 다급해진 바로가 이번엔 오히려 모세를 찾아와 애걸하는 지경에 이른다.

> 바라건대 이번만 나의 죄를 용서하고 너희 하나님 여호와께 구하여 이 죽음만은 내게서 떠나게 하라 출 10:17

상황이 뒤바뀌었다. 말 그대로 전세 역전이다. 그동안 모세

는 바로가 부를 때만 왕 앞에 설 수 있었다. 그런데 이번엔 바로가 거꾸로 직접 모세를 찾아와 부탁하는 상황이 된 것이다. 그렇게 완강했던 바로도 자신에게 엄습한 죽음의 공포 앞에서는 하나님을 찾을 수밖에 없었다. 비단 바로만의 얘기는 아니다. 죽음 앞에서 아마도 인간은 모두 같은 모습일 것이다. 자신의 힘과 능력의 한계를 느끼고 절망할수록 인간은 하나님을 찾기 마련이다. 바로의 어머어마한 권력도 죽음 앞에서는 아무 소용이 없었다. 그렇게 바로의 요청을 받은 모세는 하나님 앞에 기도하기 시작했다.

> [18]그가 바로에게서 나가서 여호와께 구하매 [19]여호와께서 돌이켜 강렬한 서풍을 불게 하사 메뚜기를 홍해에 몰아넣으시니 애굽 온 땅에 메뚜기가 하나도 남지 아니하니라 출 10:18~19

  하나님이 모세의 기도를 들으시고 동쪽에서 불어오는 바람의 방향을 바꾸셨다. 서쪽에서 바람을 불러일으켜 순식간에 메뚜기 떼를 몰아내신 것이다. 참으로 놀라운 일이다. 하나님이 하시면 그분의 방법대로 온전히 이뤄짐을 다시 한번 보게 된다. 그 신실하신 하나님의 능력이 모세의 기도 가운데 일어났다. 그렇다. 하나님은 타협하지 않고 기도하는 자에게 반드시 응답하시는 분이다. 그러니 우리는 하나님을 온전히 전적으로 신뢰하기만 하면 된다.

    모세가 받은 응답은 지금 우리에게도 똑같이 임한다. 각자 하나님 앞에 어떤 기도 제목이 있는가? 무엇을 놓고 간구하는가? 우리가 비록 원치 않는 일을 만나게 되고 일의 형편이 어렵다고 할지라도 하나님에 대한 신뢰를 놓지 말아야 한다. 하나님은 반드시 철저하게 이루는 분이다. 그러니 영적으로 타협하지 말아야 한다. 하나님께 더욱 매달리고 부르짖어야 한다. 그러면 하나님이 놀라운 일을 보여주실 것이다. 완전하게 이루시는 하나님의 능력이 우리와 늘 함께하기 때문이다.

흑암과 광명

하나님은 모세를 통해 지속적으로 바로 왕에게 하나님의 뜻을 전하셨다. 이스라엘 백성이 애굽을 떠나 하나님의 백성으로 예배하는 삶을 살게끔 놓아주라고 하셨다. 그러나 하나님의 뜻을 여러 차례 전달했음에도 바로 왕은 모세의 말에 수긍하지 않고 계속해서 완악한 태도를 고수했다.

    하나님은 이런 바로를 꺾기 위해 이미 여덟 가지의 재앙을 내리셨다. 하지만 바로는 여덟 번째 메뚜기 떼의 재앙을 겪고도 여전히 이스라엘 백성을 내보내지 않았다. 여호와께서 바로의 마음을 완악하게 하셨기 때문이다. 그래서 애굽 땅은 이제 또다시 아홉 번째의 재앙을 맞고 만다.

> ^{21}여호와께서 모세에게 이르시되 하늘을 향하여 네 손을 내밀어 애굽 땅 위에 흑암이 있게 하라 곧 더듬을 만한 흑암이리라 ^{22}모세가 하늘을 향하여 손을 내밀매 캄캄한 흑암이 삼 일 동안 애굽 온 땅에 있어서 출 10:21~22

하나님은 말씀에 순응하지 않는 바로를 향해 이번에는 애굽 전역에 3일 동안 칠흑 같은 어둠이 있을 것을 경고하시고, 모세를 통해 흑암이 애굽 땅을 뒤덮게 하셨다.

흑암은 매우 어두운 상태를 말한다. 흔히 칠흑같이 어둡다는 표현할 때의 그 어둠을 의미한다. 그런데 아무리 칠흑같이 어두워도 가까이 보면 사람의 얼굴은 식별할 수 있을 정도다. 그러나 성경에서 말하는 어둠은 아주 가까이 다가가도 사람의 얼굴을 전혀 인식할 수 없는 상태다. 이런 차원이 다른 어둠이 3일 동안 계속되면 어떨까? 아마 당연히 애굽 나라 전체가 마비되었을 터다. 그런데 놀라운 사실이 있다.

> 그 동안은 사람들이 서로 볼 수 없으며 자기 처소에서 일어나는 자가 없으되 온 이스라엘 자손들이 거주하는 곳에는 빛이 있었더라 출 10:23

애굽 사람들이 사는 곳은 흑암으로 뒤덮였지만, 하나님의 백성이 사는 곳에는 광명의 빛이 비췄다는 사실이다. 하나님은 초자연적인 능력으로 전혀 다른 두 가지 현상을 동시에 나타내셨다. 하나님의 뜻을 거부하고 그분의 말씀을 듣지 않은 애굽의 왕과 백성에게는 하나님의 심판이 담긴 어둠의 재앙을 내리셨지만, 놀랍게도 하나님의 백성이 거주하는 곳에는 광명을 비춰 철저하게 구분된 인도하심을 보이셨다.

이렇듯 하나님의 손길은 때론 너무도 다른 모습을 보인다. 그렇다면 애굽 땅에 내린 여덟 번째 재앙은 무엇이 달랐을까?

먼저 빛과 어둠이 달랐다. 하나님의 말씀대로 애굽 땅에 아홉 번째 재앙인 흑암이 드리웠다. 빛이 전혀 없는 상황을 상상해 본 적이 있는가? 육체적으로나 정신적으로나 어둠으로 인한 고통은 엄청날 것이다. 그렇다면 하나님은 왜 애굽 땅에 이런 어둠의 재앙을 내리셨을까? 그 속에는 모든 것을 철저하게 이뤄 가시는 하나님의 세밀한 계획이 있었다.

당시 애굽인들이 믿는 신은 태양신이었다. 그들은 태양신이 농사의 풍요를 가져다준다고 믿었고, 자신의 삶 또한 책임진다고 생각했다. 그래서 애굽 왕궁에서는 아침마다 북과 장구를 치며 태양을 향해 제사 지내며 숭배했다. 그만큼 애굽은 태양을 우상시했는데 그 정도가 얼마나 심했는지 왕을 파라오라고 부를 정도였다. 파라오라는 왕의 이름은 곧 태양을 뜻했고 절대 권력을 상징했다. 그런데 그렇게 숭배해 마지않던 파라오가 어둠에 사라졌다. 애굽 사람들이 지금까지 믿고 숭배했던 것이 모두 거짓이었음이 만천하에 드러난 것이다.

모세의 말 한마디에 자신들이 그토록 숭배했던 태양의 빛이 완전히 사라졌다. 여태까지 그들은 애굽 사람들과 가축 모두를 잘 살게 해준 것이 바로 태양인 줄 알았다. 하지만 하나님의 말씀 한마디에 그 태양이 사라지는 것을 보면서 이들은 자신들이 믿는 신이 헛되다는 사실을 깨닫게 됐다. 하나님이 흑암을 아홉 번째 재앙으로 내리신 이유가 이것이다.

애굽 백성이 흑암의 재앙으로 심히 두려워하며 떨고 있을 때, 이스라엘 자손이 거하는 곳에는 광명한 빛이 비쳐 아무런 영향 없이 평온한 상태를 유지할 수 있었다. 같은 시간에 같은 애굽 땅에 살면서도 어떻게 두 민족 사이에 이렇게 다른 현상이 나타난 걸까?

전적으로 하나님 때문이다. 하나님이 함께하지 않는 애굽 땅에는 흑암이 내렸지만, 하나님이 함께하는 이스라엘 백성에겐 광명한 빛이 내렸다. 애굽 사람은 어둠 속에서 갈 길과 해야 할 일을 몰라 방황하는 삶을 살았다면, 빛 가운데 있던 하나님의 백성은 분명한 목표를 향해서 기쁨과 즐거움으로 갈 수가 있었다. 이렇게 어둠의 삶과 빛의 삶은 너무나도 다르다.

이런 빛과 어둠의 삶을 결정하는 것은 무엇인가? 바로 하나님의 능력이다. 하나님의 능력은 한쪽은 어둠으로 고통스럽게 만들었고, 다른 쪽은 빛으로 평안한 삶을 허락하셨다. 흑암에 덮인 애굽 백성은 그야말로 처절한 고통을 겪어야만 했다. 바로도 예외는 아니었다. 결국 흑암의 고통에 몸부림치던 바로가 모세를 향해 절규했다.

> 바로가 모세에게 이르되 너는 나를 떠나가고 스스로 삼가 다시 내 얼굴을 보지 말라 네가 내 얼굴을 보는 날에는 죽으리라 출 10:28

바로 왕의 고통이 얼마나 극심했는지를 단적으로 보여주는 대목이다. 그는 모세에게 애굽을 떠나 다시는 자기 앞에 나타나지 말라고 경고한다. 다시 보게 되면 죽이겠다는 협박과 함께 말이다.

간혹 정전이 되면 불편하고 고통스러운 게 당연지사다. 하물며 거대한 나라 전체가 완전한 어둠에 휩싸이면 어떻게 되겠는가? 그야말로 국가 전체가 올 스톱될 것이 뻔하다. 바로와 애굽 땅에 임한 이 어마어마한 어둠의 재앙은 그 누구도 해결할 수 없는 아주 절망적인 상황이었다.

이런 감당 못 할 일과 재앙은 누가 만드셨는가? 하나님의 능력이다. 그분의 능력이 어디까지인지 신앙생활을 하면 할수록 하나님의 놀라우신 능력 앞에 겸허해진다. 그분의 능력은 언제나 인간의 상식과 방법, 지혜와 한계를 뛰어넘는다. 하나님의 그 능력을 곰곰이 헤아려보면 우리가 하나님을 믿는다고 말하면서도 결국 우리의 얕은 지식 정도로만 가둬놓을 때가 많음을 느끼게 된다. 하나님은 어떤 제약도 받지 않으신다. 어떤 환경에서도 구속되지 않는 초월적인 능력을 갖고 계신다. 우리 안에 빛 되신 하나님을 충만하게 채워야 하는 이유도 여기에 있다. 신앙은 다른 것이 아니다. 하나님이 하시면 된다는 그 사실을 믿는 것이다. 하나님의 능력을 전적으로 인정하는 것이다.

> 그 동안은 사람들이 서로 볼 수 없으며 자기 처소에서 일어나는 자가 없으되 온 이스라엘 자손들이 거주하는 곳에는 빛이 있었더라 출 10:23

그런데 왜 애굽에는 앞을 볼 수 없을 정도의 흑암이 내렸고, 이스라엘 백성에겐 빛이 있었을까?

같은 공간과 같은 시간에 이토록 선혀 다른 두 현상이 펼쳐진 이유는 무엇일까? 오직 한 가지 이유, 바로가 하나님의 말씀을 듣지 않았기 때문이다. 지금까지 계속된 하나님의 재앙이 애굽에 임했던 원인이 여기에 있다. 바로가 모세를 통해서 전달하는 하나님의 말씀을 전혀 듣지 않아서였다.

하나님의 말씀을 듣는 것과 듣지 않는 것의 차이는 너무도 크다. 하나님 말씀을 듣는 자는 빛 되신 주님으로 말미암아 알 수 없는 것을 알게 되고 느낄 수 없는 것을 느끼게 된다. 또한

승리를 이루다

깨닫지 못했던 것 역시 깨닫게 된다. 하지만 하나님이 주신 말씀의 빛이 들어가지 않으면 아무것도 볼 수 없게 된다. 자기가 아는 것과 인지하는 것 그 이상의 것은 전혀 알지 못하게 되는 것이다. 빛이 들어올 때만이 비로소 자기를 넘어서서 밝히 알게 되고, 분명히 보게 된다.

때때로 삶을 살다 보면 '나는 왜 이런 모습밖에 안 될까?' 하고 한탄하는 순간을 만나게 된다. 그러나 그런 상황에서도 오직 믿음을 붙잡아야 한다. 빛은 기쁨이요 생명이지만, 어둠은 절망과 좌절뿐이기에 그렇다. 해결될 것 같지 않은 고민과 고통 가운데 있을지라도 하나님을 믿는 자에게는 반드시 하나님의 일이 성취된다. 우리에겐 그 믿음이 필요하다.

끝까지 하나님의 말씀을 거부하고 돌이키지 않은 바로는 하나님께 거듭 심해지는 재앙을 받았고, 결국 마지막 열 번째 재앙을 겪은 후 완전히 꺾이고 말았다. 하지만 하나님의 백성은 끝까지 그들과 함께한 하나님의 능력으로 승리를 쟁취했다. 너무도 다른 이 삶의 모습이 여전히 우리 안에 존재한다. 매 순간 어떤 결정을 하고, 어떤 결과를 받아들일지는 우리의 몫이다. 그러나 여전히 변하지 않은 진리는 오직 빛 되신 예수님께만 승리의 비결이 있다는 사실이다.

구별된 삶

20년을 함께 살았던 부부가 있다. 하지만 이들은 갈등을 극복하지 못하고 끝내 이혼에 합의했다. 변호사 사무실에서 만나 마지막 절차를 밟고 헤어지려는 두 사람에게 변호사가 준비한 음료와 치킨을 먹으라고 권했다. 이젠 정말 남이 되는 거니 마지막으로 음식을 먹으면서 과거는 잊고 새롭게 출발하는 마음에서였다. 변호사의 얘기를 들은 남편이 먼저 치킨의 날개 부위를 뜯어 아내에게 주면서 말했다.

"여보, 그동안 나 때문에 고생 많았을 텐데 힘들었던 건 다 잊길 바라오."

그런데 닭 날개를 건네받은 아내가 갑자기 화를 내면서 소리쳤다.

"당신은 해도 해도 정말 너무하네요. 치사하게 마지막까지 이러기에요?"

아내의 갑작스러운 반응에 남편은 당황했고, 덩달아 영문을 모른 변호사가 아내에게 물었다.

"아니 아내 분, 도대체 남편이 뭘 너무 한다고 하는 겁니까?"

"변호사님, 이 사람은 결혼 생활 20년 내내 단 한 번도 제게 닭다리를 준 적이 없어요. 여태껏 맛있는 닭다리는 늘 자기가 먹고, 맛없는 날개만 줬는데 어떻게 헤어지는 마지막 날까지 제게 맛없는 날개를 줄 수가 있죠? 정말 해도 해도 너무한 거

아닌가요?"

그 말을 들은 남편이 어이없다는 듯 말했다.

"여보, 아니 그게 무슨 소리요? 닭 날개가 얼마나 맛있는데…. 변호사님, 저는 지난 20년 동안 치킨만 사면 아내에게 맛있는 부위를 먹이려고 제가 먹고 싶은 닭 날개는 한 번도 안 먹었습니다. 오히려 저는 맛없는 다리만 먹었어요. 그래서 오늘도 아내에게 더 맛있는 걸 주려고 제가 먹고 싶은 닭 날개를 떼어 준 겁니다! 이제 헤어지는 마지막 순간이니까 더 고마운 마음으로요!"

차마 웃을 수 없는 안타까운 일이다. 이 부부는 서로의 마음을 전혀 모른 채 지난 20년을 각자의 생각만으로 서로 오해하면서 살아왔던 것이다.

혹 우리의 신앙도 이런 모습은 아닐지 한번 생각해봐야 한다. 하나님을 사랑하고 섬긴다고 말하면서도 하나님의 마음은 전혀 모른 채, 그저 내가 보고 듣고 느낀 것만을 기준 삼아 내가 원하는 방식대로 신앙생활을 하는 건 아닌지를 말이다. 사람은 대부분 모든 것을 자신의 생각이나 판단과 느낌대로 평가하곤 한다. 그러나 한 가지 분명한 사실은 자기 생각으로 가득 차면 하나님의 세계는 전혀 볼 수 없다는 사실이다. 자기의 뜻이 강하면 하나님의 뜻은 전혀 알 수도 들을 수도 없다.

우리가 신앙생활을 하면서 하나님의 뜻을 제대로 아는 것이 중요한 이유가 바로 여기에 있다. 하나님은 절대적인 능력으로 애굽에서 430년 동안 노예 생활했던 이스라엘 백성을 탈출시키셨다. 그리고 탈출과 동시에 이스라엘 백성을 향한 하나님의 뜻을 전하셨다. 그들이 출애굽 한 후에 어떤 삶을 살아야 하는지에 대해 말이다.

하나님은 이스라엘 백성이 분명히 구별하는 삶을 살길 원하셨다. 하나님과 이스라엘 백성의 소유에 관한 구별 말이다. 성질이나 종류에 따라서 갈라놓는 것을 구별이라 하는데, 하나님이 이스라엘 백성을 애굽에서 탈출시키실 때 첫 번째로 원하셨던 것이 바로 이 구별이다. 분명한 구별은 갈등을 만들지 않는다. 서로 오해가 생기지 않으니 그렇다. 하나님은 그분과 이스라엘 백성 간에 서로 갈등이 생기는 것을 막기 위해 구별하길 원하셨다.

> [1]여호와께서 모세에게 일러 이르시되 [2]이스라엘 자손 중에서 사람이나 짐승을 막론하고 태에서 처음 난 모든 것은 다 거룩히 구별하여 내게 돌리라 이는 내 것이니라 하시니라 출 13:1~2

한마디로 하나님 것과 이스라엘 백성의 것을 구분하라는 말씀이다. 처음 난 모든 것이 하나님의 것이라고 분명히 가르치셨다. 그러니 사람이나 짐승이나 처음 태어난 것을 하나님께 돌리라고 하셨다. 왜 이런 구별을 원하셨을까? 이는 이스라엘 백성이 하나님에 대한 소유권을 인정하길 원하셨기 때문이다. 하나님이 이스라엘 백성을 탈출시키지 않으면 그들은 애굽에서 평생 노예로 살면서 그렇게 삶을 끝냈을 터였다. 그러나 이스라엘 민족이 하나님의 자녀이고 백성이었기에 그들을 구원하신 것이다. 그러니 당연히 그들은 하나님의 소유였다. 하나님은 이런 소유의 개념을 명확히 밝히셨고, 이스라엘 백성이 그것을 인정하길 원하셨다.

이를 위해 하나님이 제시한 분명한 근거는 하나님이 바로 왕을 꺾기 위해 내리신 마지막 열 번째 재앙과 관련이 있다.

> 그 때에 바로가 완악하여 우리를 보내지 아니하매 여호와께서 애굽 나라 가운데 처음 난 모든 것은 사람의 장자로부터 가축의 처음 난 것까지 다 죽이셨으므로 태에서 처음 난 모든 수컷들은 내가 여호와께 제사를 드려서 내 아들 중에 모든 처음 난 자를 다 대속하리니 출 13:15

열 번째 재앙은 다름 아닌 애굽 땅에 있는 사람과 짐승의 처음 난 모든 것을 다 전멸시키신 사건이다. 그러나 하나님은 이 때도 이스라엘 백성이나 그들이 소유한 가축의 처음 난 것은 모두 살려두셨다. 하나님이 명확히 구분하신 것이다. 이스라엘 백성의 장자를 살리셨다는 말은 그 가족 전체를 살리셨다는 것을 뜻한다. 하나님이 이스라엘 백성 모두를 살려주셨다는 얘기이다. 그러니 하나님이 살려주신 것을 구별하여 드리라는 뜻이었다. 하나님의 구별을 인정하라는 말이다.

우리가 매주 드리는 예배도 이와 같다. 하나님이 한 주간 우리에게 주신 시간과 생명, 그 모든 것 중에서 특별히 하루를 구별해서 드리는 행위가 예배이다. 믿지 않는 사람들은 주중과 토요일을 바쁘게 보내고 피곤하니 일요일엔 쉰다는 개념을 갖는다. 하지만 그리스도인이 생각하는 시간은 달라야 한다. 거룩한 주일을 구별해서 하나님 앞에 예배드리고, 그분이 주신 은혜와 사랑과 감격으로 다시 한 주를 살아가야 한다. 이것이 바로 거룩한 구별이다.

십일조 또한 마찬가지다. 우리의 소득 중 10분의 1을 십일조로 드려야 한다. 하나님이 내게 주신 모든 것이 다 하나님의 것이지만, 그 가운데에서도 하나님의 것을 명확히 구별한다는 신앙 고백이 바로 십일조이다. 하나님께 드리는 모든 것, 그것이 시간이든 물질이든 재능이든 하나님 앞에 구분해서 드린다는 것 자체가 내 삶의 주인은 하나님이심을 인정하는 태도이다. 그 사실을 온전히 인정하면 하나님 앞에서 자신의 삶을 기쁜 마음으로 드릴 수 있게 된다.

하나님이 이처럼 그분의 것을 구별하신 이유는 은혜를 기억하라는 뜻이다. 우리는 하나님의 것을 구분해서 드릴 때 하나님의 은혜를 기억하게 된다. 지금까지 이끄시고 인도하신 하나님의 은혜를 떠올리게 되는 것이다.

하나님이 이스라엘 장자를 살려주신 이유는 그들이 하나님의 백성이기 때문이다. 그렇기에 그 첫 것을 다시 하나님께 드림으로 하나님의 은혜를 기억하라는 의도였다. 하나님이 전능하신 능력으로 애굽의 장자는 다 쳐서 멸했지만, 이스라엘 백성은 지켜주셨다는 사실을 인지함으로 하나님이 저들의 주인이심을 잊지 말라는 뜻이었다. 이런 의도로 이스라엘에 속한 장자나 가축의 첫 것은 꼭 하나님 앞에 드리라고 말씀하신 것이다.

그런데 하나님의 은혜를 기억하면 대체 어떤 유익이 있는 걸까? 어떤 유익이 있길래 계속해서 하나님의 은혜를 기억하라고 말씀하신 걸까? 그 이유는 하나님의 은혜를 기억하는 것이 하나님과의 더욱 깊은 관계를 이어가는 데 꼭 필요하기 때문이다. 사람은 귀한 것은 잊지 않고 소중히 여기기 마련이다. 그러니 이스라엘 백성이 하나님의 은혜를 기억하고 소중히 여기면 하나님과 더욱 친밀하고 깊은 관계를 맺을 수 있기에 그리하신 것이다.

하지만 대부분 사람은 소중한 기억도 아픈 기억도 너무 쉽게 잊곤 한다. 이스라엘 백성도 다르지 않으리란 것을 하나님은 잘 아셨다. 저들이 이제 애굽을 나가면 그동안 하나님이 보이신 이적과 기적, 은혜와 능력을 모두 잊어버릴 것임을 아셨다. 그래서 그 은혜를 기억하라는 의미로 그들이 소중히 여기는 것들, 즉 처음 난 것 모두를 하나님께 가져오라고 한 것이다.

> 이스라엘 자손 중에서 사람이나 짐승을 막론하고 태에서 처음 난 모든 것은 다 거룩히 구별하여 내게 돌리라 이는 내 것이니라 하시니라 출 13:2

사람에게 모든 자녀는 소중하고 특별하다. 하지만 유독 첫아이는 더 귀하게 느껴지는 법이다. 오죽하면 첫정이란 말도 있지 않은가. 하나님은 그런 소중한 것을 하나님께 구별해 드림으로 하나님의 은혜를 기억하라고 하신 것이다.

하나님의 것이란 하나님께 속한 것으로 그것은 곧 거룩하다는 의미이다. 결국 하나님은 이런 구별의 과정을 통해 우리가 얼마나 거룩한 존재인지를 다시 한번 상기시키셨고, 이를 통해 세상 가운데 승리할 수 있는 방법 또한 알려주셨다. 구별된 사람은 구별된 방법으로 살아야 하고, 구별된 방법으로 삶 가운데 승리를 쟁취해야 한다. 구별되지 못한 사람과 똑같은 모습으로 살아서는 절대 안 될 일이다.

결코 녹록지 않은 세상을 우리는 살고 있다. 여전히 영적인 애굽에서 탈출하지 못한 채 노예의 삶을 살아가는 성도가 있다. 그러나 우리가 누구인가! 우리는 구별된 자들이다. 하나님의 거룩한 백성이며, 그분의 특별한 택함을 받은 사람들이다. 그러니 우리는 달라야 한다. 날마다 매 순간 하나님의 뜻을 분별하며 그분을 기쁘시게 하고 그분과 동행함으로 승리해야 한다. 그것이 우리가 취할 영적 자세이다.

하나님은 무엇을 보게 하셨는가?

캐나다 큰빛교회 임현수 목사는 2015년 1월 대북 지원사업 차 북한을 방문했다가 억류돼 약 2년 6개월 동안 수형생활을 했다. 북한에 억류되기 전 그는 캐나다의 시민권자로 비교적 안정된 목회 활동을 해왔다. 하지만 기도하던 중에 힘든 처지에 놓인 북한 동포들을 외면할 수 없었고, 1996년부터는 북한선교와 구제 활동에 꾸준히 매진해왔다.

그런 그를 돌연 북한 측에서 그가 최고지도자를 모욕했다는 이유로 갑자기 잡아 가둔 것이다. 임 목사는 북한 법정에서 사형 선고를 받았다가 이후 종신 노역형이라는 처분을 받고 독방에 갇혀 지내게 된다. 살을 에는 강추위 속에서 강제 노역에 시달리면서 말이다.

그 당시는 외교적으로 한국과 미국, 북한의 관계가 역사상 최악으로 좋지 않았던 시기였다. 그래서 한국과 미국, 캐나다 등 전 세계에서 그를 위해 기도하기 시작했다. 당시 임 목사의 사모와 성도들이 작성한 기도문이다.

"하나님! 어둠의 땅에서 하나님만 바라보게 하옵소서."

"하나님! 어둠의 땅에서 감사하게 하옵소서."

"하나님! 그들의 영혼을 품고 기도하게 하옵소서."

"하나님! 끝까지 하나님의 영광을 위해 살게 하옵소서."

이들의 간절한 기도에 하나님은 기적을 보여주셨다. 2017년 8월 9일, 임 목사는 기적적으로 석방되어 사랑하는 가족과 교회의 품으로 돌아오게 되었다. 삶과 죽음의 문턱을 넘나들던 그였지만, 기적적으로 살아 돌아온 것이다.

이를 통해 분명히 살아계시고 역사하시는 하나님의 기적을 볼 수 있다. 우리의 인생에도 때로는 예상치 못한 험난한 고난이 찾아올 때가 있다. 그러나 그 어떤 힘든 고난이 올지라도 우리의 믿음과 기도는 결코 헛되지 않음을 하나님은 분명히 보여주신다. 하나님은 어떤 상황에서도 하나님을 신뢰하고 붙들며 믿는 자에게 놀라운 일을 보여주신다.

홍해와 애굽 군대 사이에 선 이스라엘 백성의 모습을 통해서도 살아계신 하나님을 보게 된다. 좌절하는 이스라엘 백성의 모습을 보신 하나님이 모세에게 말씀하신다.

> [15]여호와께서 모세에게 이르시되 너는 어찌하여 내게 부르짖느냐 이스라엘 자손에게 명령하여 앞으로 나아가게 하고 [16]지팡이를 들고 손을 바다

> 위로 내밀어 그것이 갈라지게 하라 이스라엘 자손이 바다 가운데서 마른 땅으로 행하리라 출 14:15~16

현실적으로 보면 이스라엘 백성을 앞으로 나아가게 하는 것은 홍해 바닷속으로 들어가라는 말과 같았다. 즉 물속으로 죽으러 걸어 들어가라는 것과 다름없었다. 그리고 무엇보다 모세에게 손을 내밀어 바다를 갈라지게 하라는 것은 그 누가 보더라도 비상식적인 행동이다. 사람이 손을 내밀어 바다를 친다고 어찌 바다가 갈라지겠는가 말이다.

그러나 모세는 어떻게 했는가? 한 치의 의심도 없이 이 비상식적인 행동을 그대로 따랐다. 여태까지 인도하신 하나님이 여전히 살아계시고, 지금 이 절체절명의 위기에서도 놀라운 일을 행하시리라 굳게 믿었기 때문이다. 모세가 하나님의 말씀대로 행하자 과연 어떤 일이 일어났는가?

> [21]모세가 바다 위로 손을 내밀매 여호와께서 큰 동풍이 밤새도록 바닷물을 물러가게 하시니 물이 갈라져 바다가 마른 땅이 된지라 [22]이스라엘 자손이 바다 가운데를 육지로 걸어가고 물은 그들의 좌우에 벽이 되니 출 14:21~22

놀라운 광경이 펼쳐졌다. 보고도 믿을 수 없는 상황이었다.

동쪽으로부터 바람이 강하게 불어서 바다를 갈랐고, 그 갈라진 바다 가운데가 마른 땅이 되었다. 길이 만들어진 것이다. 또 밤새 바다가 갈라지는 동안 하나님은 애굽 군대가 이스라엘 백성에게 접근하지 못하도록 그 사이에 어둠을 두어 막아 주셨다. 그렇게 이스라엘 백성은 마른 땅을 건너게 된다. 하지만 뒤에서 애굽 군대가 쫓아 왔다. 이스라엘 백성이 모두 홍해의 길을 건너자 하나님은 모세에게 다시 말씀하셨다.

> [26]여호와께서 모세에게 이르시되 네 손을 바다 위로 내밀어 물이 애굽 사람들과 그들의 병거들과 마병들 위에 다시 흐르게 하라 하시니 [27]모세가 곧 손을 바다 위로 내밀매 새벽이 되어 바다의 힘이 회복된지라 애굽 사람들이 물을 거슬러 도망하나 여호와께서 애굽 사람들을 바다 가운데 엎으시니 출 14:26~27

"모세야, 네 손을 바다 위로 내밀어 물이 다시 예전과 같이 흐르게 하라."

모세는 이번에도 망설임 없이 손을 바다 위로 내밀었다. 그러자 놀랍게도 이번에는 물러갔던 거대한 바닷물이 다시 흘렀다. 결국 홍해를 미처 건너지 못한 애굽의 군대는 모두 바다 한가운데서 몰살당하고 말았다.

이 얼마나 기적 같은 일인가! 그 많던 애굽 군대는 홍해 바다에 모두 수장되었고, 약하고 보잘것없는 이스라엘 백성은 그 거대한 홍해 바다를 마른 땅을 걷듯이 건넜다. 그 누구도 생각해보지 못했던 아니 생각조차 할 수 없었던 일이었다. 그 일의 중심에 모세와 이스라엘 백성이 있었다. 이들은 그렇게 직접 하나님의 인도하심을 목도했다.

홍해가 갈라지는 기적을 통해 하나님은 무엇을 보여주시고자 했을까?

첫째, 믿음의 기적을 보여주셨다. 믿음은 하나님을 절대적으로 신뢰하는 마음이다. 모세에게는 이 마음이 있었기에 하나님의 기적이 나타날 수 있었다.

"모세야! 네가 내게 기도했다면 이제 기도대로 될 줄로 믿고 백성을 홍해로 나아가게 하라. 그리고 너는 손에 잡은 지팡이를 들고 홍해 바다를 쳐라. 그러면 너의 믿음대로 홍해는 마른 땅이 될 것이다."

이런 하나님의 음성을 들은 모세는 어쩌면 너무나 황당해서 이 말씀이 이해되지 않았을지도 모른다. 그러나 그에겐 하나님을 믿는 절대 믿음이 있었다. 그래서 백성은 앞으로 나아가게 하고, 자신은 말씀대로 손을 들어 바다를 친 것이다.

그러자 놀랍게도 하나님의 능력이 나타나 갑자기 거대한 동풍이 불어와서 홍해 바다를 가르기 시작했다. 기적이 일어난 것이다. 또한 이스라엘 백성을 앞서가던 하나님의 사자가 그들의 뒤로 가면서 애굽 군대가 접근하지 못하도록 어둠을 만들어 이스라엘 백성을 안전하게 보호했다.

이 엄청난 역사가 어떻게 80세 노인인 모세에 의해 이뤄졌던 걸까? 대체 모세가 누구이기에 이처럼 자연의 힘을 지배할 수 있었단 말인가? 모세의 육체적 힘과 능력으로만 본다면 도저히 상상조차 할 수 없는 일이다. 그러나 그것은 오로지 전능하신 하나님이 모세와 함께하셨기에 가능했다. 그렇다. 전능하신 하나님이 함께하신다면 무슨 일이라도 능히 해낼 수 있다.

이처럼 하나님이 함께하는 자는 모세처럼 놀라운 기적을 만들게 된다. 다윗도 마찬가지다. 다윗은 나약한 소년이었고, 상대인 골리앗은 거대한 장수였다. 이스라엘의 어떤 장군도 이 골리앗과 싸워 이길 수 없었다. 그런데 소년 다윗이 골리앗 앞에 나가면서 외쳤다.

> 다윗이 블레셋 사람에게 이르되 너는 칼과 창과 단창으로 내게 나아 오거니와 나는 만군의 여호와의 이름 곧 네가 모욕하는 이스라엘 군대의 하나님의 이름으로 네게 나아가노라 삼상 17:45

"너는 칼과 창으로 나오지만, 나는 만군의 여호와의 이름으로 나간다!"

전쟁은 죽느냐 사느냐의 문제이다. 지금 이 어린 다윗이 거대한 장수에게 나아간다면 100% 죽게 될 것이 자명하다. 그러나 반전의 결과가 나타났다. 다윗이 승리했다. 다윗의 승리는 한 개인의 승리를 넘어서는 의미가 있다. 바로 이스라엘이라는 국가의 승리를 상징하는 것이다. 다윗이라는 어린 소년으로 인해 패배자요 도망자의 모습이던 이스라엘은 완전한 승리의 모습으로 뒤바뀌었다.

하지만 이 놀라운 사건 또한 다윗의 능력이 아니었다. 다윗과 함께하신 하나님의 능력이었다. 이런 하나님의 능력은 다윗에게만 임하지 않았다. 하나님은 믿음으로 그분의 뜻을 따르는 수많은 사람에게 임하셔서 놀라운 기적을 만들어내셨다.

그런데 오늘날 우리는 왜 하나님의 기적을 체험하지 못하는 걸까? 하나님이 함께하지 않아서인가? 그렇지 않다. 우리에게 믿음이 없기 때문이다. 하나님을 절대적으로 신뢰하는 믿음이 부족하기 때문이다. 믿기는 믿는데 절대적으로 신뢰하지 못하고, 절대적으로 확신하지 못하기 때문이다.

둘째, 하나님은 홍해가 갈라지는 기적을 통해 전혀 다른 결과를 보게 하셨다. 홍해는 갈라져 마른 땅이 되었고, 이스라엘 백성은 그 바다를 건너게 된다. 그리고 애굽의 군대 역시 이스라엘 백성을 뒤쫓아 홍해로 들어섰다. 똑같은 홍해 바다 한가운데 두 민족이 서게 된 것이다.

결과는 어땠는가? 이스라엘 백성과 애굽 군대의 최후는 전혀 달랐다. 이스라엘 백성은 모두 무사히 바다를 건넜던 반면, 애굽 군대는 전부 물속에 빠져 죽고 만 것이다. 홍해를 건너기 전에 이스라엘 백성은 애굽의 노예로 핍박받는 자들이었다. 그러나 홍해를 건넌 후에는 오히려 이들이 애굽 사람의 처참한 죽음을 지켜보게 되었다.

구약 시대의 사울도 마찬가지였다. 사울과 다윗은 똑같은 시대를 살았던 동시대의 인물이자 똑같이 이스라엘의 왕을 지낸 사람이었다. 하지만 두 사람의 최후는 너무나도 달랐다. 사울 왕은 하나님을 떠났기에 자신과 자식들의 삶이 몰락했지만, 다윗 왕은 하나님을 향한 철저한 믿음으로 자신뿐만 아니라 자손 대대가 하나님의 복을 받는 자녀들이 되었다.

오늘날 우리에게도 똑같은 일은 여전히 일어난다. 이 땅을 떠날 때 요단강을 건너 천국에 들어가는 자가 있는 반면, 강에 빠져 죽고 마는 사가 있다. 예수 그리스도를 믿는 자와 믿지 않는 자의 결과는 이토록 다르다. 이스라엘 백성과 애굽 군대는 홍해를 중심으로 삶과 죽음이 갈라졌다. 앞으로도 그럴 것이다. 이 세상 마지막 날, 최후의 심판을 통해 영원한 생명과 멸망이 반드시 구별되리란 사실을 잊지 말아야 한다.

마지막으로 하나님이 홍해 바다를 가르신 데는 모세의 전적인 신뢰가 있었다는 사실이다. 앞에는 홍해 바다, 뒤에는 애굽 군대의 추격이라는 절체절명의 상황에서 백성은 모세를 원망했고 불평하기 시작했다. 그런데도 모세는 조금도 흔들림이 없었다. 오히려 담대히 백성에게 선포했다.

> 모세가 백성에게 이르되 너희는 두려워하지 말고 가만히 서서 여호와께서 오늘 너희를 위하여 행하시는 구원을 보라 너희가 오늘 본 애굽 사람을 영원히 다시 보지 아니하리라 출 14:13

모세는 자신의 힘과 능력으로는 도저히 어찌할 수 없는 상황에서도 오직 하나님을 신뢰했고, 하나님의 능력을 믿었다. 어떠한 상황에 처할지라도 하나님이 도우실 거라는 분명한 확신이 모세에게는 있었던 것이다.

사람은 누구나 어려운 현실에 처하거나 원치 않는 고난이 오면 쉽게 원망하고 불평하게 된다. 그러나 모세는 이런 고난 속에서도 하나님이 자신과 함께하신다는 분명한 확신이 있었다. 그 믿음대로 하나님이 일하셨고, 끝내 온 백성 모두 하나님과 모세를 믿게 되는 결과를 얻었다.

> 이스라엘이 여호와께서 애굽 사람들에게 행하신 그 큰 능력을 보았으므로 백성이 여호와를 경외하며 여호와와 그의 종 모세를 믿었더라 출 14:31

어떤 상황에서도 철저히 하나님을 믿고 신뢰하면 그분은 우리 삶에 필요한 모든 것을 채워주신다. 우리 안에 이런 믿음이 있다면, 우리 주변의 모든 사람 역시 우리와 하나님을 신뢰하게 될 것이다. 모세의 믿음이 끝내 온 백성이 하나님을 경외하게 만들었고 인간인 모세도 신뢰하게 한 것처럼 말이다.

신앙은 관계로 형성되고, 그 관계는 결국 두 가지로 귀결된다. 첫 번째는 하나님과의 관계이고, 두 번째는 사람과의 관계이다. 하나님을 신뢰하는 마음의 공간에 사랑을 담고, 그 사랑의 마음으로 이웃과 주변 모든 사람이 신뢰할 수 있는 아름다운 공동체를 만들어 새로운 사랑의 관계를 이어가야 한다.

하나님은 모세의 믿음을 통해 기적을 보여주셨다. 같은 상황에서 이스라엘 백성은 살고, 애굽 군대는 죽게 되는 전혀 다른 결과의 첫 번째 기적을 나타내셨다. 그리고 이런 놀라운 기적과 하나님의 능력을 통해 이스라엘 백성이 모세를 전적으로 신뢰하게 만드는 두 번째 기적도 보여주셨다.

하나님은 그분을 믿고 동행하는 자들에게 언제나 하나님의 사랑과 기적을 보여주신다. 그것으로 전혀 다른 삶의 승리를 맛보게 하시며, 탁월한 신뢰의 자리로 친히 이끄신다. 하나님의 신실하심은 지금도 그렇게 계속되고 있다.

하나님의 방법을 신뢰하라

사람의 몸에는 여러 가지 감각기관이 있다. 그런데 살펴보면 기관마다 개수가 다르다. 어떤 것은 하나, 어떤 것은 두 개, 손가락 발가락은 열 개씩 있다. 왜 개수가 다를까? 여기에는 분명한 이유가 있을 터다.

특별히 귀가 두 개인 이유는 뭘까? 여러 해석이 있으나 이렇게 생각해 보면 어떨까 싶다. 쓸데없는 말은 한쪽 귀로 듣고 다른 귀로 흘려보내라는 뜻으로 말이다. 또 좋은 말은 많이 들으라는 뜻으로 해석할 수도 있겠다. 이처럼 사람은 무엇을 듣고 살아가는지가 참으로 중요하다. 태어나면서부터 듣지 못하는 사람은 말도 하지 못한다. 사람이 듣지 못하면 아무것도 알 수 없고, 배우지도 못하기 때문이다.

믿음 생활도 마찬가지이다. 그래서 사도 바울은 믿음은 들음에서 생기고, 들음은 그리스도를 전하는 말씀에서 비롯된다고 했다(롬 10:17). 하나님의 말씀을 듣지 못하면 믿을 수가 없고, 믿지 못하면 구원받을 수가 없다는 뜻이다. 하나님의 말씀을 많이 들어야 할 이유가 바로 여기에 있다. 그리고 중요한 것은 상대의 말을 잘 듣고 깨달아서 바른 뜻을 향해 잘 찾아가야 한다는 사실이다.

이런 이유로 하나님은 애굽을 빠져나와 홍해를 건넌 이스라엘 백성에게 광야에서 해야 할 지침을 알려주신다.

광야에서 마실 물이 없어 목이 타들어 간 이스라엘 백성의 원망이 쏟아지자 하나님은 마라의 쓴 물을 달게 하셨다. 한 달이 지나 애굽에서 싸 온 양식이 다 떨어지자 그들은 또 하나님을 원망했다. 그러자 하나님이 어떻게 하셨는가?

> ¹³저녁에는 메추라기가 와서 진에 덮이고 아침에는 이슬이 진 주위에 있더니 ¹⁴그 이슬이 마른 후에 광야 지면에 작고 둥글며 서리 같이 가는 것이 있는지라 출 16:13~14

하나님을 원망하는 그들을 버리지 않고 결국 만나와 메추라기를 통해 광야에서 먹고 살게 하셨다. 그래서 농사를 지을 수 없는 광야에서도 이스라엘 백성은 이 양식을 먹어 배고픔 없이 풍족하고 건강한 삶을 살았다.

하나님은 이스라엘 백성에게 양식을 주시면서 분명한 지침 곧 하나님의 메시지를 주셨다. 이 말씀엔 과연 어떤 메시지가 있을까?

가장 먼저, 하나님의 방법을 신뢰하라는 의미였다. 하나님은 먹을 것이 없어 원망하는 백성에게 양식을 주시겠다고 약속하셨고, 그 약속대로 광야에 메추라기와 만나를 내려주셨다. 이들은 매일 만나를 통해 육체의 원기를 회복했고, 단백질이 부족해지자 메추라기를 통해 단백질도 공급받았다. 이 일은 감히 상상조차 불가능한 기적의 사건이다. 그 누구도 하늘에서 양식이 내릴 거란 생각은 단 한 번도 해보지 못했을 것이다.

메추라기는 보통 봄에는 아프리카의 북쪽, 즉 팔레스타인 지역으로 날아왔다가 가을에는 시리아나 아라비아 쪽으로 옮겨 가고, 다시 겨울이 되면 아프리카로 돌아가는 철새를 말한다. 그런데 이렇게 계절풍을 타고 이동하는 메추라기 떼가 갑자기 그것도 하나님이 지정하신 그 시간에 정확하게 이스라엘 진영에 내려앉는다는 것은 자연현상을 초월한 기적의 사건이다.

그뿐만 아니라 아침에는 땅 위로 만나가 내려왔다. 만나는 이스라엘 백성이 광야에서 먹은 신기한 하늘의 양식이다. 일찍이 광야에서 40년이나 살았던 모세조차 본 적도 없고 먹은 적도 없는 정말 하늘에서만 내려주는 묘하고 신기한 양식이었다. 이스라엘 백성은 처음 이 양식을 보고 아침에 이슬이 내린 것으로 착각했는데 조금 후에는 그것이 마르면서 작은 서리 같은 가루가 되었다고 기록하고 있다.

> 이스라엘 자손이 보고 그것이 무엇인지 알지 못하여 서로 이르되 이것이 무엇이냐 하니 모세가 그들에게 이르되 이는 여호와께서 너희에게 주어 먹게 하신 양식이라 출 16:15

이 양식을 본 백성은 너무나 신기하기도 하고 이상하기도 해서 그 이름조차도 알 수 없었다. 전에 한 번도 본 적도 먹은 적도 없었기 때문이다. 그래서 이들은 그것을 '만나'라고 불렀다. 만나는 '이게 뭐야?'라는 의미의 말이다.

모세는 만나를 한 마디로 하나님이 친히 주시고 먹이신 양식이라고 했다. 과연 누가 하늘에서 양식이 내린다고 감히 상상이나 할 수 있었겠는가? 아무것도 없는 광야에서 고기를 배부르게 먹고, 날마다 하늘에서 내리는 양식을 먹을 수 있다는 것은 정상적인 사람의 생각이나 판단으로는 도저히 이해할 수 없는 일이었다.

하나님이 이 놀라운 일을 행하셨다. 하나님의 방법으로 말이다. 이것은 분명한 사실로 성경에 기록되었고 수천 년 동안 이어 내려오고 있다. 명백한 팩트fact, 사실인 것이다.

하나님은 이스라엘 백성에게 하늘에서 양식을 비같이 내리시겠다는 약속을 이루시려고 이처럼 초자연적으로 역사하셨다. 이스라엘 백성이 먹을 것이 없어서 불평하고 있을 때, 하나님은 이미 약속하셨다. 하늘에서 양식을 비같이 내릴 것이니 너희들이 배부르게 먹을 것이라고 말이다.

> 그 때에 여호와께서 모세에게 이르시되 보라 내가 너희를 위하여 하늘에서 양식을 비 같이 내리리니 백성이 나가서 일용할 것을 날마다 거둘 것이라 이같이 하여 그들이 내 율법을 준행하나 아니하나 내가 시험하리라 출 16:4

이처럼 사람의 눈으로 보기에는 전혀 불가능해 보일지라도 만약 그것이 하나님의 약속이라면 하나님은 반드시 하나님의 방법으로 이루신다. 하나님은 전능하셔서 못 이룰 것이 하나도 없고, 신실하셔서 하신 약속은 반드시 이루신다. 이 모든 것을 하나님의 방법대로 이루신다.

때로 우리가 어려운 일을 만나 해결하는 것이 도저히 불가능해 보일지라도 포기하거나 좌절하지 말아야 하는 이유도 여기에 있다. 하나님은 하나님의 방법대로 일하시기 때문이다. 열 가지의 재앙으로 바로 왕을 굴복시키고, 홍해를 갈라 길을 내고, 마라의 쓴 물을 달게 하신 그 하나님이 모든 것을 하나님의 방법으로 이루신다. 이토록 놀라운 하나님의 방법이 지금 우리의 삶에서도 일어날 수 있다는 사실을 믿어야 한다.

우리는 하나님의 방법을 신뢰해야만 한다. 사람은 연약한 육체를 가진 인간이기에 광야에서 자력으로는 살아갈 수 없다. 전적인 하나님의 도우심이 필요하다. 날마다 도우시는 하나님의 은혜, 하나님의 방법이 필요하다.

하나님께서 이스라엘 백성에게 양식을 내리시며 주신 두 번째 지침은 철저한 순종에 관한 것이다.

> 여호와께서 이같이 명령하시기를 너희 각 사람은 먹을 만큼만 이것을 거둘지니 곧 너희 사람 수효대로 한 사람에 한 오멜씩 거두되 각 사람이 그

의 장막에 있는 자들을 위하여 거둘지니라 하셨느니라 출 16:16

아침이 되자 하늘에서 이슬 같은 가루가 온 지면에 내리는데 하나님은 이때 백성에게 직접 명령하셨다.

"너희들이 이 가루를 거둬 가는데, 절대 욕심을 부려 많이 거두지 말고 하루하루 먹을 만큼의 양만 거두어 가라."

이 메시지가 얼마나 중요했던지 하나님은 모세를 통해서가 아니라 직접 이스라엘 백성에게 명령하셨다. 명령이란 반드시 지켜야 한다는 뜻을 내포한다. 하나님은 이스라엘 백성에게 광야에서 처음 만나를 거둬들일 때 절대 욕심내지 말고 하루치의 먹을 만큼만 거두라는 명령을 내리셨다. "각 사람은 먹을 만큼만"이라는 뜻은 모두가 같은 양을 거두는 것이 아니라 각자의 식사량을 고려하여 적절한 양을 자율적으로 거두라는 뜻이다. 이것이 하나님의 명령이었다. 그런데 이스라엘 백성 가운데 일부가 하나님의 명령을 무시하고 욕심을 내어 많이 거두는 일이 생겼다. 이는 명백히 하나님에 대한 불신앙이자 불순종의 태도였다. 이렇게 하나님의 명령대로 순종하지 않고 욕심내서 많이 거둔 자들은 오히려 많이 거둔 탓에 고통스러운 일을 겪게 됐다. 미처 하루에 다 먹지 못하고 아침까지 남겨둔 양식이 썩어 벌레가 생기고 냄새가 나서 다른 사람들에게까지 피해를 주게 된 것이다. 이로 인해 모세가 역정을 냈다.

> 그들이 모세에게 순종하지 아니하고 더러는 아침까지 두었더니 벌레가 생기고 냄새가 난지라 모세가 그들에게 노하니라 출 16:20

"더러는"이라는 말은 아주 소수의 사람을 지칭한다. 백성 가운데 이 소수는 하나님의 말씀을 믿지 못했다. 믿지 못해서 명령보다 많이 거둬들인 것이다. 오늘날에도 이 소수가 문제이다. 소수로 인해 많은 문제가 발생하곤 한다. 하나님의 말씀을 믿지 못했던 이스라엘 백성의 소수가 만나를 많이 거둬들여 문제를 만들었던 것처럼 말이다.

그러나 하나님의 말씀을 따랐던 많은 사람은 적당하게 거두라는 명령에 그대로 순종했다. 그러자 매일 매일 모자라지도 않고 남지도 않는 알맞은 양식을 얻게 되었다.

> [16]여호와께서 이같이 명령하시기를 너희 각 사람은 먹을 만큼만 이것을 거둘지니 곧 너희 사람 수효대로 한 사람에 한 오멜씩 거두되 각 사람이 그의 장막에 있는 자들을 위하여 거둘지니라 하셨느니라 [17]이스라엘 자손이 그같이 하였더니 그 거둔 것이 많기도 하고 적기도 하나 [18]오멜로 되어 본즉 많이 거둔 자도 남음이 없고 적게 거둔 자도 부족함이 없이 각 사람은 먹을 만큼만 거두었더라 출 16:16~18

하나님의 말씀대로 자신의 양에 따라 먹을 만큼만 거두었더니 부족함 없이 주셨다고 기록하고 있다. 그렇다. 하나님 앞에 순종하면 부족함 없이 주실 줄을 신뢰해야 한다. 이게 믿음이다. 그래서 적당함의 은혜라는 것이 있다. 좋은 음식도 많이 먹으면 역효과가 난다. 노는 것도 적당하게 놀아야 하고, 잠도 적당하게 자야 한다. 몸무게도 적당하게 유지해야 한다. 물질도 적당함의 은혜를 받아야 하고, 권력도 적당함의 은혜를 받아야 한다. 다윗은 적당함에 대해 이런 고백을 했다.

> ^{1}여호와는 나의 목자시니 내게 부족함이 없으리로다 ^{2}그가 나를 푸른 풀밭에 누이시며 쉴 만한 물 가로 인도하시는도다 시 23:1~2

  다윗은 하나님으로 인해 적당함의 은혜는 부족함이 없다는 것을 깨달았다. 모든 인생은 이 세상을 사는 동안 하나님이 주시는 것을 잠깐 빌려 살다가 마침내 하나님 앞에 내려놓고 돌아가야 한다. 이 사실을 은혜로 받아들이고 늘 기억하기 위해서는 하나님의 말씀 앞에 철저한 순종이 필요하다.
  이 적당함의 은혜를 모르는 사람은 결국 나락으로 떨어질 수밖에 없다. 세상을 호령하던 이들이 한순간에 추락하는 것을 보면 알 수 있다. 그들의 인생이 꼬여버린 이유는 적당함을 몰랐기 때문이다.
  진정으로 우리에게 필요한 은혜는 무엇일까? 지나치지도 않고 또 부족하지도 않은 적당함의 은혜이다. 그래서 성경은 말한다. 많이 거두려 말고 오늘 거둘 것만 거두라고 말이다. 그러면 내일도 새로운 것을 주시겠다고 약속하신다. 하지만 이 약속을 믿지 못하고 말씀에 순종하지 못하면 결국 가진 것마저 썩어버리고 만다. 그러니 날마다 말씀을 붙들고 순종해 부족함이 없이 적당함으로 채워주시는 은혜 안에서 살아야 한다. 이것이 바로 주신 은혜를 썩지 않게 만드는 방법이다.

마지막으로 이스라엘 백성에게 양식을 주시며 보이신 하나님의 뜻은 바로 내일을 맡기라는 것이다.

> 모세가 그들에게 이르기를 아무든지 아침까지 그것을 남겨두지 말라 하였으나 출 16:19

모세는 하나님의 명을 따라 이스라엘 백성에게 만나를 내일 아침까지 남겨두지 말라고 거듭 전달했다. 이 말은 양식을 저장하지 말라는 뜻이다. 하나님이 다음 날에도 그들에게 일용할 양식을 부족함 없이 채워주실 터였다.

결국 이 말씀은 하나님이 생명의 주관자이고, 백성의 필요를 공급하시는 분임을 믿으라는 말과도 같은 것이다. 왜냐하면 내일 일은 내일의 하나님이 책임지시기 때문이다. 그렇기에 모세는 내일 아침까지 양식을 두지 말라고 했다. 남겨두지 말라는 뜻은 남겨두는 것 자체가 죄는 아니지만 남겨두지 않는 것이 하나님이 보시기에 좋은 일이라는 의미를 내포한다. 그것이 내 삶에 유익이라는 것이다.

사람은 모두 내일의 일을 계획하며 살아간다. 그러나 그 계획의 이루어짐은 자신의 뜻대로 되지 않는다. 하나님이 계획을 이뤄주셔야 한다는 의미이다. 우리가 염려하는 까닭은 내일 일을 자신의 계획으로 이루려 하기 때문이다. 그러나 염려만으로는 아무것도 이룰 수 없다. 내일 일은 하나님이 친히 이루셔야만 이뤄지는 것이다.

그렇다. 하나님은 철저하게 하나님을 신뢰하고 하나님께 내일을 맡기는 자들의 미래를 이끌어 주신다. 은행도 은행에 맡긴 돈만 책임진다. 각자의 집에 있는 돈은 책임지지 않는다. 결국 하나님께 맡기지 못하고 내일을 걱정하며 많이 거둔 자들은 그 거둔 양식이 썩어 냄새나고 벌레가 생겨서 모두 버리는 결과를 맞이했다. 이 사실을 잊지 말아야 한다.

하나님께 내일을 맡길 수 있는 이들은 누구인가? 그들은 하나님을 철저히 신뢰하는 자이다. 맡긴다는 것은 전적인 신뢰와 전적인 의지가 결합한 것이기 때문이다. 은행에 많은 돈을 맡기는 사람은 은행이라는 금융기관을 신뢰하기에 맡기는 것이다. 그렇다면 우리는 하나님 앞에 우리의 내일을 얼마나 확실한 믿음으로 맡길 수 있을까? 가정, 비즈니스, 자녀들의 삶, 건강 등 삶의 수많은 문제를 하나님께 온전히 맡기고 있는가? 맡기는 자는 분명 하나님이 완벽히 책임지실 것이다. 이렇듯 온전히 맡기면 걱정이 없는데, 맡기지 못해 불안해하고 두려워하며 걱정과 염려가 가득하게 된다. 이런 어리석은 삶을 살고 있는지 한번 생각해 볼 일이다.

솔로몬은 이스라엘의 세 번째 왕이다. 그는 성경 인물 중에서 가장 최고의 부를 누렸던 사람이었다. 그런데 이 솔로몬의 고백이 무엇인가?

> 너의 행사를 여호와께 맡기라 그리하면 네가 경영하는 것이 이루어지리라 잠 16:3

바로 하나님께 모든 것을 맡기라는 것이다. 하나님께 맡기는 것이 유익이라는 고백이다. 맡기면 하나님께서 이뤄주시기 때문이다. 야고보서에도 이런 교훈이 나온다.

> [13]들으라 너희 중에 말하기를 오늘이나 내일이나 우리가 어떤 도시에 가서 거기서 일 년을 머물며 장사하여 이익을 보리라 하는 자들아 [14]내일 일을 너희가 알지 못하는도다 너희 생명이 무엇이냐 너희는 잠깐 보이다가 없어지는 안개니라 약 4:13~14

어떤 완벽한 사업가가 구체적인 시간과 목적, 계획을 철저하게 세워서 큰 이익을 보려고 하더라도 내일의 시간은 그의 시간이 아니라 하나님이 주관하시는 시간이라는 것이다. 안개는 금방 생겼다가 또 금세 사라지는 수증기이다. 이처럼 아무리 완벽한 계획을 세워도 사람은 안개와 같다. 그렇기에 내일은 내일의 하나님이 도와주셔야 한다.

하나님은 지금도 분명히 말씀하신다.

"나를 믿고, 매일 매일 거둘 만큼만 거두어라."

하나님의 방법을 신뢰하라는 말씀이다. 그것도 철저하게 순종하며 내일의 일을 믿음으로 맡기라는 뜻이다. 결국 광야 40년 동안 이스라엘 백성이 준비하지 않아도 하나님은 하늘의 양식으로 인도해주셨다. 이 놀라운 사건은 무엇을 말하는가? 우리가 말씀대로 살면 하나님이 우리를 인도해주신다는 사실이다. 철저히 하나님을 신뢰하고 순종하며, 내일을 믿음으로 맡겨 부족함 없이 주시는 은혜 안에서 살아가라고, 하나님이 지금도 우리에게 말씀하고 계신다.

놀라운 승리의 비밀

1929년 갑자기 찾아온 미국의 경제공황 당시의 일화다. 돈이 다 떨어진 한 노동자가 일자리를 구하다가 동물원을 가게 됐다. 그는 동물을 사육하는 일을 하고 싶었지만, 동물원 매니저는 다른 일을 해 달라고 부탁했다.

"저희 동물원의 고릴라가 엊그제 죽었습니다. 그런데 그 고릴라의 인기가 대단했거든요. 그래서 지금 동물원 사정이 난처합니다. 우리가 고릴라로 분장할 옷을 줄 테니 며칠만이라도 고릴라 행세를 좀 해주세요."

무슨 일이든지 해야 했던 터라 동물원 매니저의 말을 수락했다. 그는 곧장 고릴라 분장을 하고 동물원 안으로 들어갔다. 그리고 손으로 가슴을 치자 사람들이 몰려들기 시작했다. 그는 단지 자신이 고릴라로 분장해 흉내를 낼 뿐인데도 사람들이 몰려오자 내심 만족해했다.

그러던 어느 날, 그네를 타고 흔들다가 그만 줄을 놓치는 바람에 옆에 있던 사자 굴에 떨어지는 일이 발생했다. 사자는 자신의 우리에 고릴라가 떨어진 것을 보고 갑자기 사납게 달려들며 포효하기 시작했다. 그 소리에 사람들이 몰려들었다. 이제 큰일이었다. 사자에게 물려 죽게 생긴 것이다. 다급해진 고릴라는 사자 앞에서 "사람 살려!"라고 외쳤다. 그러자 갑자기 사자가 가까이 와서 작은 소리로 말했다.

"야, 입 다물어. 안 그러면 우리 둘 다 해고야!"

가만 보니 그 사자도 진짜 사자가 아니라 누군가 분장한 가짜 사자였던 것이다. 둘 다 진짜가 아닌 무늬만 고릴라와 사자였으니 상대를 공격할 힘과 능력도 그럴 이유도 전혀 없었다. 그래서 언제나 가짜는 불안하며 자신감이 없고 능력 없는 모습을 보인다. 그러나 진짜는 언제나 당당하며 자신감 있고 그 가치와 능력을 증명해 보인다.

이 이야기를 듣고 같이 생각해볼 문제가 있다. 과연 우리의 믿음은 예수 그리스도가 함께 하는 진짜 믿음인가, 아니면 모양만 있는 가짜 같은 믿음인가? 정말 예수 그리스도의 죽으심에 대한 감격과 부활의 신앙이 내 심령 속에 진짜로 살아 있는 믿음의 모습을 보이는지 말이다.

가짜 계급장은 제아무리 화려해 보여도 아무런 능력이 없다. 그러나 진짜 계급장은 화려하진 않아도 큰 능력을 갖고 있다. 가짜 총은 모양만 총일 뿐 무기로서의 기능은 없다. 그러나 진짜 총은 실제 무기의 기능을 나타낸다. 돈도 위조지폐를 사용하면 범법자가 되지만, 진짜 돈은 화폐의 가치를 귀하게 나타낼 수 있다.

하나님이 우리에게 간절하게 원하는 것은 지금 우리 심령에 있는 믿음의 능력이 가짜가 아니라 진짜 능력을 행하는 것이다. 그 때문에 우리가 때로 진짜 믿음을 가짜처럼 사용하고 있을 때 하나님은 가장 안타까워하신다.

하나님은 출애굽하는 이스라엘 백성을 가리켜 '여호와의 군대(출 12:41)'라고 하셨다. 그 여호와의 군대가 최초로 싸운 전쟁이 바로 아말렉과의 전쟁이다.

당시 르비딤으로 쳐들어온 아말렉을 모세는 하나님의 능력으로 물리치고 승리한다. 이 전쟁에서 모세는 칼과 창으로 무장한 것이 아니라 오직 하나님의 능력으로 무장했다. 그가 한 것이라고는 전쟁터 뒤에 자리한 높은 산 위에서 기도드린 것밖에 없었다. 그런데도 이스라엘이 승리했다. 아말렉과의 전쟁에서 이스라엘 민족을 대승리로 이끈 것은 무기가 아니라 바로 하나님의 능력이었다.

참으로 놀라운 일이다. 통상적으로 전쟁은 무기와 군사력의 싸움으로 승패가 결정되기 마련이다. 그러나 하나님이 함께하시는 전쟁은 무기와 군사력이 아닌 살아계신 하나님의 능력으로 승리하게 된다. 다시 말해 우리의 영적 전쟁도 하나님의 능력이 함께하면 반드시 승리할 수 있다는 말이다. 그렇다면 아말렉과의 전쟁에서 하나님의 능력이 이스라엘과 함께한 까닭은 무엇이었을까? 무엇 때문에 아말렉을 무찌를 능력을 허락하셨던 걸까?

첫 번째, 하나님의 능력을 믿고 행하는 것이다.

이스라엘 백성은 얼마 전까지만 해도 마실 물이 없어서 목말라 아우성치며 모세를 향해 원망을 쏟아냈다. 하지만 모세를 통한 하나님의 능력으로 반석에서 나온 물을 마셨고, 이제 더는 큰 문제가 없을 줄로 알았다. 그러나 목이 타는 갈증이 해결

되자마자 이제는 목마름보다 더 무서운 아말렉과의 전쟁을 당장 치러야 하는 위기가 찾아온 것이다.

> 그 때에 아말렉이 와서 이스라엘과 르비딤에서 싸우니라 출 17:8

"그 때에"라고 기록된 것은 조금 전 마실 물의 문제가 해결됨과 동시에 곧이어 아말렉이 기습적으로 침입해 왔음을 시사한다. 아말렉 족속은 에서의 손자인 아말렉의 후예를 뜻하는데, 그들은 당시 에돔 사람들로부터 갈라져 나와 시나이반도에서 유목하며 유랑생활을 했다. 그러던 중 이스라엘 백성이 홍해를 건너 르비딤에 이르자 혹시 자신들의 영토에 대한 소유권을 뺏기지 않을까 두려워한 나머지 이스라엘을 기습적으로 먼저 공격한 것이다.

  이스라엘 백성은 광야에서의 목마름을 해결하자마자 곧이어 아말렉 족속의 기습 공격으로 꼼짝없이 죽을 상황에 처했다. 애굽에서 노예로만 살아왔던 터라 훈련된 군인들이 있을 리 만무했고, 결국 속수무책으로 모두가 죽음을 바라볼 수밖에 없는 절박한 상태였다.

  갈증이라는 한고비를 넘기니 또 다른 한고비가 연달아 찾아왔다. 정말 숨 한번 제대로 편히 쉴 수 없는 연속적 고난이었다. 이런 엄청난 위기를 어떻게 넘길 수 있을까?

아말렉 족속은 일찍이 광야에서 전쟁으로 단련된 부족이었다. 그래서 아말렉이 먼저 공격해 온다면 이 전쟁의 승패는 당연한 결과였다. 전쟁에서 선제공격은 강한 자신감이 있을 때만, 즉 승리가 확실할 때만 이뤄지기에 그렇다. 성경에서 "아말렉이 와서"라고 기록한 것이 선제공격을 뜻하는 것이다.

아말렉 족속의 침략으로 곧 죽음을 맞이할 수밖에 없는 상황에서 모세는 두 가지 선택을 한다. 이스라엘 백성들 가운데 한 사람을 지목해 세우는데 그 한 사람이 바로 '여호수아'였다.

> 모세가 여호수아에게 이르되 우리를 위하여 사람들을 택하여 나가서 아말렉과 싸우라 내일 내가 하나님의 지팡이를 손에 잡고 산 꼭대기에 서리라
> 출 17:9

이스라엘 백성에게 아말렉과의 싸움은 그 자체가 너무나도 무모한 짓이었다. 죽으러 나가라는 말과 진배없었다. 그런데도 모세는 사람들을 택해서 아말렉과 싸우러 나가라고 했다. 왜 숨으라고 하지 않고 오히려 싸우라고 했을까? 모세의 무모한 혈기 때문일까? 그렇지 않다. 모세는 이미 알고 있었다. 이스라엘 백성은 전쟁의 능력이 없어 아말렉에게 패할 수밖에 없지만, 하나님께 기도하면 지금까지 도우셨던 하나님의 능력으로 전쟁에서 승리할 줄 믿었던 것이다. 그래서 모세는 여호수아에

게 이스라엘 백성 중에 군사를 뽑아 아말렉과 싸우러 가게 했고, 자신은 하나님의 지팡이를 잡고 산꼭대기에서 기도하기로 했다.

그렇다. 절망적 문제 앞에서도 하나님은 기도와 실천이 병행될 때, 하나님의 강한 능력을 행하신다. 여호수아는 택한 백성들을 데리고 아말렉과 싸우러 나갔고, 모세는 산에서 손을 들고 하나님께 기도했다. 이때 놀라운 일이 일어났다.

> 모세가 손을 들면 이스라엘이 이기고 손을 내리면 아말렉이 이기더니
> 출 17:11

모세가 손을 들었다는 것은 모세의 기도행위로 해석할 수 있다. 성경 여러 곳에서 이스라엘 백성은 기도할 때 손을 들고 기도했다고 설명한다. 모세가 손을 들 때 이스라엘이 이겼다는 것은 모세가 하나님께 믿음으로 기도할 때, 하나님의 능력이 임해 아말렉을 이기는 승리가 나타난 것을 의미한다. 반대로 손을 내리자 이스라엘이 패한 것을 보면 아말렉과의 전쟁은 하나님에 의해 승패가 좌우되는 싸움이었던 것이 분명하다.

오늘날 우리에게도 하나님은 강조하신다. 하나님이 맡겨주신 사명을 잘 감당하려면 하나님의 도우심을 구하는 기도와 더불어 삶의 현장에서의 실천이 반드시 있어야 한다는 사실을 말

이다. 기도와 삶의 실천이 온전히 함께 병행될 때 하나님의 능력은 나타난다.

이러한 기도와 실천의 병행을 잊어버리는 성도가 간혹 있다. 기도에만 치우치는 나머지 다른 삶의 일들은 중요하게 여기지 않는 것이다. 또 어떤 성도는 기도는 하지 않고 삶의 일만 소중히 여긴다. 그러나 하나님의 능력은 삶의 실천과 기도가 함께 이뤄져야 볼 수 있다. 가령 농사를 지을 때도 밭에 씨 뿌리고 김매고 풀 뽑는 실천과 더불어, 그 열매를 맺기 위한 기도가 병행될 때 하나님의 능력이 나타나는 것이다.

아말렉과의 전쟁에서도 실천과 기도의 병행이 이끄는 승리의 비결이 고스란히 드러났다.

> 여호수아가 모세의 말대로 행하여 아말렉과 싸우고 모세와 아론과 훌은 산 꼭대기에 올라가서 출 17:10

여호수아는 아말렉과 싸우러 나가는 실천을 하고, 모세는 산 위에서 기도로 함께할 때 아말렉과의 전쟁에서 승리하는 결과가 나타났다. 잊지 말아야 한다. 기도와 실천이 병행될 때만 하나님의 강력한 능력은 나타난다.

비행기가 잘 날아가려면 양쪽의 날개가 균형을 이뤄야 하듯이 하나님의 능력도 기도와 실천이 함께 이뤄져야 한다. 행복한 가정을 원한다면 가정을 위한 기도와 이를 위한 실천도 함께 해야 한다. 자녀를 잘 키우려면 자녀를 향한 교육, 재능, 인격 등 모든 분야에서 최선의 노력을 해야 하지만 그 자녀를 위한 기도도 해야 한다. 비즈니스를 잘하려면 많은 준비와 노력, 연구, 열심도 있어야 하지만 사람의 한계를 뛰어넘는 하나님의 능력을 구하고 기도할 때만 가능하다. 실천하는 노력과 믿음의 기도가 병행될 때 하나님의 역사가 일어난다는 사실을 기억해야 한다.

두 번째, 하나님의 능력은 좋은 협력을 만들 때 함께한다.

> [11]모세가 손을 들면 이스라엘이 이기고 손을 내리면 아말렉이 이기더니 [12]모세의 팔이 피곤하매 그들이 돌을 가져다가 모세의 아래에 놓아 그가 그 위에 앉게 하고 아론과 훌이 한 사람은 이쪽에서, 한 사람은 저쪽에서 모세의 손을 붙들어 올렸더니 그 손이 해가 지도록 내려오지 아니한지라 [13]여호수아가 칼날로 아말렉과 그 백성을 쳐서 무찌르니라 출 17:11~13

여호수아는 아말렉과 싸우러 나갔고, 모세는 기도하기 위해 높은 산 위에 올랐다. 오랫동안 팔을 계속 올리다 보니 팔이 피곤해 더는 팔을 들 수가 없었다. 당시 모세는 80세의 고령이라 계속해서 기도의 팔을 들 수가 없을 터였다. 결국 팔이 아파서 내리자 이스라엘이 패하기 시작했고, 다시 팔을 들자 이스라엘이 이기는 상황이 펼쳐졌다.

이 모습을 지켜보던 아론과 훌이 모세의 양옆으로 가서 기도의 손을 함께 받쳐주었다. 기도하는 모세의 팔이 아픈 것을 알고 아론과 훌이 모세의 두 팔을 잡고 함께 싸운 것이다. 결국 이스라엘과 아말렉의 전쟁은 이스라엘의 대승리로 끝났다. 이처럼 승리는 서로 좋은 협력을 만들 때 이루어진다.

이렇듯 협력은 중요하다. 혼자서는 힘들어서 도저히 감당할 수 없는 일도 서로 도와 협력하면 능히 행할 수 있게 된다. 특히 교회는 성도가 서로 협력할 때 사탄과의 싸움도 능히 이기게 된다.

마지막으로 하나님의 능력은 믿음의 고백을 드릴 때, 언제나 함께한다.

> 모세가 제단을 쌓고 그 이름을 여호와 닛시라 하고 출 17:15

모세의 기도로 아말렉과의 전쟁에서 승리한 후에 모세는 제단을 쌓고 그 이름을 "여호와 닛시"라고 했다. 여호와 닛시란 '여호와는 나의 깃발'이라는 뜻으로 군대에서 깃발은 그 군대의 존재와 힘을 상징한다. 따라서 여호와 닛시는 하나님이 이스라엘 백성의 힘의 근원이 되신다는 것을 뜻한다. 이스라엘 백성이 모든 대적 앞에서 하나님의 능력으로 말미암아 항상 승리했음을 인정함으로 이 깃발을 가슴에 새긴다는 의미이기도 하다. 그리고 앞으로도 하나님이 승리케 하신다는 약속을 주신 것이다. 이제는 이스라엘이 싸우는 것이 아니라 하나님이 직접 싸우신다는 믿음의 고백이었다.

> 이르되 여호와께서 맹세하시기를 여호와가 아말렉과 더불어 대대로 싸우리라 하셨다 하였더라 출 17:16

하나님이 직접 싸우셔서 완전한 승리를 만드셨다. 그래서 모세는 이스라엘 백성은 하나님이 택하신 백성이니 하나님을 의지하여 그의 힘과 능력으로 싸울 때 항상 승리할 수 있었다고 고백했다. 성경 전체를 봐도 전쟁의 승리는 군대의 조직이나 무기에 좌우되지 않았다. 전적으로 하나님의 힘과 능력에 달려 있었다.

이스라엘 백성의 전쟁 가운데 가장 주목할 것 중 하나가 여리고성 전쟁이다. 이스라엘 백성은 광야 40년의 긴 여정을 끝내고 드디어 가나안 땅에 들어가게 된다. 그런데 가나안 땅 입구에는 큰 성이 자리하고 있었다. 이 성이 얼마나 크고 강한지 광야 40년을 지나온 이스라엘 백성은 도저히 정복할 수가 없었다. 더욱이 이스라엘 백성이 요단강을 건너서 여리고성으로 오고 있다는 소식을 들은 여리고 사람들은 모든 공격 준비를 마친 상태였다.

> 이스라엘 자손들로 말미암아 여리고는 굳게 닫혔고 출입하는 자가 없더라 수 6:1

이때 여호수아가 내린 명령은 무엇이었을까? 당시 여호수아는 전례 없는 특이한 지침을 내린다. 언뜻 들어서는 이해도, 납득도 어려운 상식 이하의 명령이었다.

> 여호수아가 백성에게 명령하여 이르되 너희는 외치지 말며 너희 음성을 들리게 하지 말며 너희 입에서 아무 말도 내지 말라 그리하다가 내가 너희에게 명령하여 외치라 하는 날에 외칠지니라 하고 수 6:10

그는 이스라엘 백성에게 7일간 매일 성을 한 번씩 돌도록 명령했다. 6일간은 똑같이 한 번씩만 돌고, 마지막 7일 째에는 일곱 번 돌게 했다. 그러고 나서 제사장들은 나팔을 길게 불고 모두가 힘껏 소리치라고 명령했다. 그러면 거대한 여리고성이 무너질 거라는 것이다. 참으로 어처구니가 없는 작전이었다.

그러나 여호수아는 말한다. 하나님이 함께하심을 가슴에 새기고 하나님의 깃발을 가슴에 부여잡아 온전한 믿음으로 아무 의심의 소리도 내지 말고 하나님이 함께하신다는 확신만 붙잡고 행하라고 말이다. 결국 여리고성 전쟁은 어떤 결말을 맺었는가?

> 이에 백성은 외치고 제사장들은 나팔을 불매 백성이 나팔 소리를 들을 때에 크게 소리 질러 외치니 성벽이 무너져 내린지라 백성이 각기 앞으로 나아가 그 성에 들어가서 그 성을 점령하고 수 6:20

하나님이 함께하신다는 믿음의 확신은 하나님의 놀라운 기적을 만든다. 이는 비단 성경에 나오는 기적이 아니다. 상상 속에 벌어지는 영화 같은 이야기도 아니다. 지금 이 시간에도 어디선가 일어나는 분명한 사실이다.

이 세상은 그냥 편히 쉴 수 있는 곳이 아니다. 치열한 싸움이 벌어지는 전쟁터와 같다. 진리와 비#진리, 선과 악, 정의와 불의가 늘 부딪쳐 싸우는 전쟁터이다. 한고비를 넘기면 또 다른 한고비가 찾아온다. 한시라도 마음을 놓을 수 없는 곳이 바로 우리가 사는 세상이다. 이 치열한 곳에서 우리는 어떻게 해야 할까?

영적 승리의 비밀은 하나님의 능력을 의지하는 데 있다. 이스라엘 백성이 아말렉과의 전쟁에서 의지한 것은 자신들의 전투력이나 경험이 아니다. 오직 여호와의 이름을 믿고 그분의 능력으로 무장한 갑옷을 입고 나아갔다. 믿음만이 전쟁에서 승리하는 최고의 무기이다. '여호와 닛시'의 하나님이 함께하신 다는 믿음의 깃발을 늘 마음에 꽂아 언제나 승리하는 삶을 살아가야 한다. 그분이 이미 우리에게 승리를 약속하셨고, 승리를 이루셨다.

여호와는 나의 힘이요
노래시며 나의 구원이시로다
그는 나의 하나님이시니
내가 그를 찬송할 것이요
내 아버지의 하나님이시니
내가 그를 높이리로다

_출 15:2

그가 이루시다

2022년 9월 1일 1판 1쇄 펴냄
2024년 7월 4일 1판 3쇄 펴냄

지은이	유병용
펴낸곳	도서출판 예수전도단
출판 등록	1989년 2월 24일 (제2-761호)
주소	서울 관악구 신림로7나길 14
전화	02-6933-9981 · 팩스 02-6933-9989
이메일	ywam_publishing@ywam.co.kr
홈페이지	www.ywampubl.com

ISBN 978-89-5536-628-0

책값은 뒤표지에 있습니다.
잘못된 책은 바꾸어 드립니다.